大客户战略

大客户全生命周期管理

陈军◎著

中信出版集团 | 北京

图书在版编目（CIP）数据

大客户战略：大客户全生命周期管理 / 陈军著 . --
北京：中信出版社，2022.9（2025.5重印）
ISBN 978-7-5217-4662-4

Ⅰ . ①大… Ⅱ . ①陈… Ⅲ . ①企业管理－销售管理
Ⅳ . ① F274

中国版本图书馆 CIP 数据核字 (2022) 第 153260 号

大客户战略：大客户全生命周期管理

著者：　　　陈　军
出版发行：　中信出版集团股份有限公司
（北京市朝阳区东三环北路 27 号嘉铭中心　邮编　100020）
承印者：　　北京通州皇家印刷厂

开本：787mm×1092mm　1/32　　印张：8　　字数：152 千字
版次：2022 年 9 月第 1 版　　印次：2025 年 5 月第 8 次印刷
书号：ISBN 978-7-5217-4662-4
定价：69.00 元

服务热线：400-600-8099
投稿邮箱：author@citicpub.com

目　录

自　序

10多年来，我有幸与数以万计的企业家和高管近距离接触，发现几乎所有销售服务型企业都非常重视大客户，因为大客户能带来大业绩、大利润和大品牌。因此，谈及大客户开发管理，貌似每个企业家和高管都能提出一套自己的见解。尽管极少有人会承认自己不懂大客户开发管理，但在现实经营中，我却看到了另外一个事实：95%以上的企业都无法逃脱大客户开发管理的3个魔咒——进不来、做不大和留不住。

那么，是什么造成了这种情况呢？以我的经验来看，问题的根源在于企业家和高管对大客户开发管理的认知出了问题：他们大多重战术而轻战略，重技巧而轻原理及系统，重短期利益而轻长期规划，重销售过程而轻全生命周期管理。从某种角度来看，他们对大客户开发管理的认知还停留在点或线的层面，远没有上升到面或体的层面。

认知决定思维，思维决定行为，行为决定结果。要从源头上解决问题，企业家和管理者首先要做的是重塑对大客户开发管理的认知，将认知从战术打法升维到战略系统。遗憾的是，今天市场上关于大客户开发管理的书籍和课程，大多以战术维度为切入点，将重心放在大客户开发技巧上。然而，真正的大客户开发管理从来不是战术维度的小打小闹，而是对大客户战略的顶层设计，即战略设计—组织架构—资源配置—能力建设—过程管理—机制设计—策略设计—项目制管理，它是从经营维度进行系统性思考的，从售前准备到售中开发，再到售后服务，全方位地实现对大客户的全生命周期管理。真正的企业家必然是设计高手，他们能从经营维度实现以上所有要素的一致性，使得一切设计围绕大客户力出一孔，以支撑营销线的规模化作战。

遗憾的是，有一部分先行者即便意识到这个问题，突破了原有的认知瓶颈，到了企业的实际落地环节仍然束手无策。出于工作的原因，我看到太多企业家和管理者在大客户开发管理上的无助，我发现他们的企业普遍存在两大痛点。

一是缺乏一套完整的大客户开发管理体系。当然，这个问题的根源依然在于认知不足。市场上关于大客户开发技巧的书有很多，但站在经营的高度讲透大客户开发管理系统的书凤毛麟角。要实现对大客户开发管理的指导，我必须从企业经营的高度对大客户战略落地执行的每个步骤做深入阐述，只有这样才能帮助读者建立对大客户开发管理的系统性认知，并实现大客户战略设计、组织架构设计、资源配置、能力建设、过程管理、机制设计、策略设计以及项目制管理，形成对大客户的全生命周期管理。

二是缺乏一套实战的落地框架和工具。很多老板和高管拿下一两个大客户的战术心得很难支撑体系化、规模化作战。针对这个问题，很多企业家请我推荐一些相关书籍。遗憾的是，经过一番调研，我发现这个领域在图书市场上几乎是一片空白。这大概是因为写作者大多是学院内的学者，长于理论却缺乏实战经验，而具备提炼和总结方法论的能力的实战高手，通常奋战在营销一线，根本没有时间写书。这也是我写本书的原因。

在过去26年的职业生涯中，有18年我奋战在大客户开发管理的一线，我曾带领顺丰和宅急送的营销团队主攻大客户，参加了180多场大客户招投标，其中有90个大客户由我亲自参与开发，服务过多家500强企业，还曾在一场大客户战役中为企业创造了数百亿元的现金流。

路非自行不知远，事非亲历不知难。在本书中，我会把自己从大客户开发管理过程中获得的经验和教训毫无保留地分享给读者。经过18年的规模化实战训练，再加上10多年对数以千计中国本土企业的调研，我不仅对过去实战中得到的失败教训和成功经验进行提炼并升华，还结合中国本土各种销售类型的实际痛点，生成这套更适用于中国本土企业实战场景的系统。

从内容布局来看，我提炼出的大客户全生命周期管理系统，从经营的维度盘点大客户开发前、中、后期需要完成的核心工作，包括大客户开发管理的八大模块，用于解决以下八大问题：

- 定战略：如何设计大客户战略目标？

- 优架构：如何设计三大部门联合作战的大营销架构？
- 高挑选：如何设计大客户画像、产品画像以及销售特种兵画像？
- 深通关[1]：如何提升销售特种兵的开发能力？
- 抓管理：如何对大客户的开发过程进行管理？
- 精机制：如何设计对内和对外的激励机制？
- 明策略：如何设计价值策略和关系策略？
- 项目制管理：如何绑定大客户，并将大客户做大、做深、做透？

这八大模块是大客户开发管理过程中最应该关注的八大要点，它们可以算是大客户开发管理过程中的导航地图，我希望能够借此帮助读者建立一套系统框架，让读者少走弯路。

究其根本，大客户开发管理是靠企业家和管理者设计的！而成为设计高手的前提是，能够提升自己的认知，透视大客户开发管理的全局。但愿用我自己的经历写成的这本书，能够成为读者认知升维的引路人。

在本书即将完稿的当下，新冠肺炎疫情来势汹汹，多地企业受到波及，如何帮助企业转危为机，实现业绩的弯道超车？大客户应该是一个重要的破局点。于危机之中，企业应该为大客户战略做好哪些布局？危机之后，企业如何升级大客户战略的系统打法，在大

① 通关：在本书中是指测试。

客户上快速发力，将企业的增长曲线拉升起来呢？我相信本书能为企业提供一条可参考的思路。

陈军

2022年4月于上海

第一章

大客户开发管理：从战术到战略的系统性思考

大客户是业绩增长的杠杆点

2021年11月8日，在行动教育主办的第五届企业家校长节的活动现场，一位来自河南的女企业家在台上分享了自己的创业故事。这位女企业家和她的哥哥经营着当地一个著名的银饰品牌。

3年前，她和哥哥经营的企业深陷亏损的泥潭。经营过程中的三个问题犹如三座大山压在她的头上：一是产品定位乱，内部产品互相打价格战，如同左手打右手；二是库存高，盲目地以为产品越多，生意越好，但这些产品后来都变成了库存；三是利润少，而这也是前两个问题导致的必然结果。就在最无助的时候，她走进了行动教育的课堂，经过三天的学习，她总结出一个词：聚焦！少则得，多则惑！

回到公司，她重新梳理经营思路，做了三件事：聚焦高端客户、聚焦爆款产品、聚焦用户价值。

首先，她成立了大客户部，盘点公司近3年来发展的4 695家加盟商，并按照业绩贡献度对这些加盟商进行客户分级。一番统计下来，她得到一组数据：

- A级客户：年销售额在500万元以上，客户数量为40家，约占总客户数量的1%，业绩贡献为22%。
- B级客户：年销售额为300万~500万元，客户数量为360家，约占总客户数量的8%，业绩贡献为28%。
- C级客户：年销售额为100万~300万元，客户数量为425家，约占总客户数量的9%，业绩贡献为23%。
- D级客户：年销售额在100万元以下，客户数量为3 870家，约占总客户数量的82%，业绩贡献为27%。

基于此，她将客户等级与公司员工能级一一对应起来，建立统一的标准化大客户服务体系，并筛选了40家A级标杆大客户作为战略重点对象，倾注公司资源重点辅导这40家A级标杆大客户进行升级。此外，针对筛选出来的40家A级标杆大客户，公司还采取优先配送、优先帮扶等措施。在取得不错的成效后，公司再将标杆大客户模式向全国其他地区推广。

这一动作成绩斐然。在2020年新冠肺炎疫情最严重，所有业务人员都无法出差的情况下，这家企业的大客户第一季度主动向总部回款1亿多元，使其超额完成季度销售任务。用这位女企业家自己的话来说，这在以前是根本不可能发生的事情。

2020年是这家企业创立的第29个年头，这个银饰品牌成功从1枚银戒指发展到全国5 000多家加盟商、1 000多名员工、年销售额9亿多元的规模。

在我从事培训咨询行业的10多年时间里，类似的故事不胜枚举。基于在企业营销一线干了18年的经验，如果你要问我：驱动业绩增长最大的杠杆点是什么？我的答案一定是大客户，而大客户通常具备3个典型特征。

大需求

和普通客户相比，大客户的需求量大且需求频次极高。

对于B端客户而言，大客户的特点是单笔订单量大，我们如果计算企业排名前10的大客户，就会发现它们的业绩贡献率可能达到50%~80%。

对于C端客户而言，大客户则是指极度痴迷某个品牌的重度用户，他们最大的特点是购买频次远远高于普通客户。例如，只要苹果公司推出新款手机，苹果粉丝会第一时间疯狂抢购；星巴克的重度客户对星巴克产品也是极度痴迷，每天至少要喝一杯；即便是摩托车这类复购率比较低的产品，哈雷的重度用户也会拥有数十辆……

大支付

和普通客户相比，大客户愿意支付更高的溢价。也许大客户占企业客户总数的比重不到20%，但大客户决定了企业利润的多寡，因为大客户愿意在产品上花更多的钱。由于大客户对产品的要求远超普通用户，因此他们更愿意参与到新产品的开发中，对新产品的消费动力也更强劲。

大复购

与普通客户相比，大客户会与企业建立一种更长期的深度合作关系，这是因为他们是复购率最高的一群客户。他们不仅会花大价钱购买产品，还会对产品投入感情，甚至会自愿为企业转介绍更多的大客户。

在企业的资源和时间有限的情况下，既然开发小客户和开发大客户花费的时间和精力差不多，那么企业不如将重心压在大客户上，因为大客户的投入产出比明显更大。对企业而言，大客户就是那个最省力的关键支点，是推动企业持续快速增长的引擎。

大客户开发管理不是一个普通的管理决策，而是一个方向性的经营决策。按照彼得·德鲁克（Peter Drucker）的说法，经营是选择对的事情做，而管理是把事情做对。企业增长越困难，企业家和管理者就越应该做困难而正确的事情，在大客户上发力，并想尽一切办法推动大客户的规模化增长。

大客户：抓住最关键的1%

为什么要锁定大客户呢？因为这样做效率最高，投入产出比最大。《连线》杂志的创始人凯文·凯利（Kevin Kelly）在《技术元素》一书中写道："数量不是目的，质量才是根本，重视1%的超级用户才是提高效率的关键。"

这句话是什么意思呢？100多年前，意大利经济学家维尔弗雷多·帕累托（Vilfredo Pareto）就给出了答案。1897年，帕累托发现在意大利，20%的人掌握了80%的财富。经过一番深入研究，他发现这个规律在经济及社会生活中无所不在，这就是著名的"二八法则"——关键的少数和次要的多数的比率约为2 ∶ 8。同样，在企业中，80%的业绩是由20%的高价值客户贡献的，剩余80%的客户仅能贡献微利、无利，甚至带来负利润。

美国贝恩公司资深顾问弗雷德·赖克哈尔德（Fred Reichheld）的研究表明，从10%最重要的客户那里获得的利润，往往比从10%次重要的客户那里获得的多5~10倍，甚至更多。他曾对某个连锁超市进行调查，通过收集该店15 000名客户年度消费额的数据，发现排在最前面的20%的客户保持率为96%，消费额占比高达84%。

美国梅里迪恩研究机构指出，在一个企业的客户群中，前20%的客户产生约150%的利润，而后30%的客户消耗了50%的利润，后者一般是喜欢买便宜货的人，或容易被特别优惠的计划所吸引，因此当企业试图从他们身上赚钱时，他们便会离去。

以上的研究结果虽然不尽相同，但都传达了同一个真理——客户有大小，贡献有差异。

为什么许多企业的员工天天加班，但企业的业绩却没有增长呢？这是因为它们的员工将时间和资源用在了不赚钱的80%客户身上。这些员工脑中有一个错误的认知，即客户越多越好。而事实恰恰相反。

我们把大客户比喻为大鲸鱼，小客户比喻为小鱼，假如员工每天都在钓小鱼，就算一天能钓到1 000条小鱼，也只是数量可观，从价值上考虑，1 000条小鱼仅等于1条大鲸鱼。但值得注意的是，钓到1 000条小鱼是需要耗费大量成本的：从找鱼到建立信任、满足需求，再到成交、提供售后服务，企业付出的成本已经超过了1 000条小鱼！

因此，真正高效的做法一定是先区分：哪些属于20%的高价值客户？哪些属于80%的小客户？紧接着，企业还要找出20%高价值客户中的20%，即4%的超高价值客户。最后，企业还可以找出4%当中的20%，即1%的顶级客户（四舍五入到个位），这1%的顶级客户就是最重要的大客户。企业要将80%的时间和优质资源花费在1%的顶级客户身上。尤其对于资源有限的中小型企业而言，只有把资源投向顶级客户，才有赢的可能！

事实上，企业只要能将1%的顶级客户服务到极致，就能收获大业绩。2008年，我就见识过这些关键的1%顶级客户是如何发挥威力的。

那一年，我受顺丰速运集团总裁王卫的邀请，出任顺丰速运集团总部的营销负责人。当时正值金融危机肆虐，在进入公司后，我发现公司主战场珠三角有许多中小企业纷纷破产倒闭，这使得需求萎缩，从而导致公司业务下滑。国际物流巨头纷纷趁机进入国内市场，拉开了对国内大客户的争夺战。

面对这种局面，我该如何破局呢？在分析完公司的客户结构后，我毅然决定把大客户作为这场营销战役的切入点和破局点。

2008年，电话购物、网络购物、邮购等新型购物方式发展得如火如荼，这让我看到了一个绝佳的大客户群体。顺丰打算锁定全国最大的100家电购、网购和邮购平台企业，比如橡果国际、湖南卫视快乐购等，并针对这一客户群体的需求，主推代收货款业务。

这个想法得到了王卫总裁的积极响应和大力支持，他将代收货款业务定位为顺丰的一级业务。紧接着，顺丰从全国各地的分公司抽调了15名销售精英，组建了一支销售特种兵队伍，这支队伍也理所当然地成为顺丰代收货款项目组的攻坚团队。经过两周的集训和通关，团队成员各自奔赴目的地，开发自己锁定的大客户。为了更好地与这群人一起战斗，我自己也锁定了几位大客户，并亲自开发。

一年后，这场营销战役结束了。我们成功拿下了全国大部分的代收货款客户，再加上一些中小代收货款客户的开发，一举创造了代收货款数百亿元的交易纪录，这极大地缓解了公司现金流紧张的局面，并为后续公司扩张打下了基础。随着2009年顺丰顺利拿下民航执照，买下第一架飞机，顺丰逐渐确立了自己在快递高端市场的领先地位。

自10年前离开顺丰后，我一直在关注老东家的发展态势：从2009年到今天，顺丰营收年平均增长率为50%左右。时至今日，代收货款业务仍然是顺丰的王牌业务之一。当然，这场战役的成功绝不是靠某一个人或者某一个团队，而是依赖于顺丰强大的系统支撑。在本书中，我希望通过复盘战役，能够从中提炼出普适的方法论。

事实上，在我的职业生涯中，每一次的公司业绩突破都是靠大客户取胜的。回想我大学毕业后进入销售行业的时候，我成交的第一个客户就是典型的大客户。这个客户后来又为我推荐了7个大客户，而这7个大客户又各自为我推荐了7个大客户。正是这些客户的订单让我这个销售新人在第一年就成为集团的年度销售冠军，两年内成为集团的销售部总经理。离开第一家企业后，我进入了宅急送，随后我带领项目团队发起多场大客户战役，并成功开发摩托罗拉、熊猫电子、波导手机等大客户。

正是这几次经历，让我深刻认识到大客户才是业绩增长的最大杠杆点。因此，即使我后来统管着数万人规模的营销团队，我的时间分配也永远遵循“三个一”原则——用三分之一的时间抓体系建设，用三分之一的时间抓运营管理，用三分之一的时间亲自抓大客户开发。在营销一线奋战的18年里，我亲自参与并带领团队开发了数以千计的大客户。

大客户开发管理的三大困境

10年前，我受邀与行动教育合作，先后服务了数万家销售服务型企业。这10年来，我接触了数万家企业，调研了数千家企业，也亲自辅导了数百家企业，发现许多企业的老板和管理者虽然想做大客户，但却一直不得其法，找不到其中的窍门。这也倒逼我思考：

开发和管理大客户的底层逻辑是什么？如何才能保证企业有大客户源源不断地流入？如何才能保证企业现有的大客户越做越大呢？

最近，我研究了全球知名营销大师的著作，以及全球顶尖公司的成长历程。这让我越来越相信：从某种意义上看，企业的成功也是可以通过设计获得的。营销是可以设计的，大客户也可以是通过设计获得的。本书的使命就是传达我自己近30年开发管理大客户的心得体会，以帮助读者确立对大客户的正确认知。

德国古典哲学创始人康德说："世界之所以是这样的构成，取决于你的认知。"只有改变了对大客户开发管理的认知，企业才能洞察大客户背后的本质规律，进而在战略层面设计一套大客户开发管理体系。

企业要开出一服好的药方，首先要找到病症的源头。中小企业在大客户开发管理上遇到了哪些困境呢？这个共性问题的根源在哪里呢？经过多次深入走访调研，我最终找到企业遭遇的三大典型困境。

困境一：进不来

大客户不仅能为企业带来大业绩、大利润和大品牌，还能为企业带来更多的大客户。大客户的高标准又会倒逼企业优化资源配置，升级产品、人才、流程、系统等。因此，从表面上看，大客户战略解决的是业绩增长的问题，但本质上它解决的是企业基因升级的问题。

既然大客户对于企业意义重大，那为什么很多企业的大客户开发成效不佳呢？连续数年调研下来，我总结出以下四个原因。

无战略

首要原因是企业根本没有制定大客户战略，更没有站在更高的层面进行系统的顶层设计。一个典型的现状是，许多中小企业的大客户都是老板自己一手开发出来的，而几个“英雄级”销售员仅凭借各自的悟性和运气开发大客户。这种单枪匹马式的大客户开发模式根本无法保证大客户的持续增长。因为大客户持续增长依靠的是一个更底层的体系，而不是具体的一招半式，所以企业必须要做好大客户战略设计。而设计大客户战略首先要做的是确定长期的大客户战略目标，再将长期目标拆解成年度目标，分解到具体部门及员工。只有将大客户开发的目标锁定，这件事才能真正落实到日常工作中。

无组织

第二个原因是无组织。透过许多中小企业的组织架构图，我可以清晰地看到：很多企业根本没有建立起开发以及管理大客户的组织架构。

我从事咨询行业10多年，服务过的企业家达数万人，这些人大体上可以分成两类：一类人喜欢抓业绩，而忽视了组织；另一类人则更重视组织建设。喜欢抓业绩的企业家往往难以将公司做大，10亿元的体量通常就是这类公司的天花板；而重视组织建设的企业家反而能将企业做大。

为什么？因为抓业绩的老板自己通常就是公司最优秀的业务

员。这类公司的业绩靠的是个人能力强的少数精英。然而，即使这些人开发客户的能力很强，业绩的增长空间也有限；而重视组织建设的企业家发挥的不是个人能力，而是通过设计组织构架和调兵遣将，将合适的人放在合适的位置上，以最大程度激发营销团队的整体战斗力。一个人能力再强，一天也只有24个小时，当他把80%以上的时间都用在开发和服务客户上，他就没有时间去做更重要的事情，比如制定战略、构建组织、培养人才、管理过程、设计机制等。久而久之，企业的销售团队和人才梯队搭建不起来，老板基本就等同于单兵作战。更可怕的是，当他意识到自己的问题，想把手中的大客户交出去时，也没有合适的人才可以接手，这就是无组织带来的悲剧。

因此，当企业过了创业生存期时，老板就应该重新定位自己的角色：自己不再是销售特种兵，而是销售特种兵教练，而教练的职责是培养团队、发展组织。正如韩非子所言：下君尽己之能，中君尽人之力，上君尽人之智。如果企业再往前发展，老板就要把营销中心副总裁培养成销售特种兵教练，而自己专注于战略设计、组织发展、机制设计等更重要的工作。

我曾经听过这样一句话：在一个公司还比较小的时候，老板的能力就是整个公司的能力；而在公司做大之后，老板的管理能力就是整个公司的能力。我十分赞同这一观点。源源不断地开发大客户并与其保持长久关系，这不是靠某一个销售人员就可以做到的，也不是靠销售部就可以做到的，背后提供支撑的是整个组织。从需求挖掘到产品研发、产品销售，再到客户维护，这整个流程靠的不是一个人，而是一个组织。也就是说，大客户战略不是员工战略，而是公司战略。企业不能依靠某一个销售人员的努力来发展大客户，而是应依靠整套系统，由多个部门共同服务大客户。

因此，如何通过组织多个部门的分工协作，实现大客户的全生命周期管理，并最终将高质量的产品交付给客户，让大客户获得超出期望的价值，才是老板和营销一把手要思考的问题。

无画像

第三个原因是无画像。

由于工作的关系，我访谈过不少销售人员。当我问他们：公司的大客户画像是什么？针对大客户的产品画像清晰吗？很多销售人员都说不清楚。试想一下，如果这些销售人员不能准确地判断谁可能成为自己的大客户，那么开发大客户无异于大海捞针，最后的做法就是眉毛胡子一把抓。所有企业的资源都是有限的，而用有限的资源创造更多的价值靠的就是精准锁定画像，因为企业不能将有限的资源浪费在无法产出价值的客户身上。因此，企业必须要确立清晰的客户标准，精准锁定大客户画像。分类标准越清晰，大客户的画像就越精准。

企业不仅要锁定大客户画像，还要设计出与之相匹配的产品画像。近年来，我调研了大量的中小企业，发现很多中小企业只有标准化产品，却没有针对大客户的需求研发新产品或提供丰富的解决方案。不难想象，当企业的销售人员只会一味地推销企业的标准化产品时，必然会将企业带入同质化竞争的死胡同：要么很难开发出真正的大客户，要么只能靠低价吸引大客户，结果就是创造的利润非常低。企业在设计产品画像时，一定要有外部视角：企业要关注的是大客户究竟要买什么，而不是企业要卖什么。先用户，后产品；先市场，后工厂。这就意味着企业的出发点不是自己的产品，而是大客户的需求和痛点。企业要围绕大客户的痛点研发差异化的产品和解决方案。在这个高度同质化的时代，只有差异化的产品和解决方案，才有可能让企业在角逐大客户的激烈竞争中脱颖而出，从而创造出真正的大利润。

当大客户画像和产品画像设计出来后，企业紧接着就要评估目前的销售人员是否具备开发这类大客户的能力。

2022年的一天，我去给天津的一家高端体检医院做咨询。到企业以后，我提出的第一个要求是将2022年所有大客户名单列出来，并标出目前跟进每一位大客户的销售人员。接下来，我再逐一评估：这位销售人员是否具备开发新的大客户的能力？他是否对大客户的需求有足够的敏锐度？他能否做出匹配大客户需求的方案？他能否做到与大客户同频？如果答案是没有，那么医院可能需要换人。如果无人可换，那么医院需要重新根据大客户的要求，倒推出销售特种兵的画像，从源头上提高销售人员的招聘标准。

综上所述，客户画像、产品画像、销售人员画像定位不精准，也是很多企业大客户开发成效不佳的原因。

不专业

销售人员不专业也会导致大客户进不来。与一般客户的销售相比，大客户的销售难度可以说是指数级的，其最大的特点是销售金额大、决策链条长、专业性强。如果把这个过程比喻为挖井，普通销售人员可能挖到地下5米就能看到水了，而大客户销售人员要挖到地下50米才能看到水。在挖井的过程中，随时还可能出现意外，如果销售人员中途放弃，那么一切都将前功尽弃。企业的销售人员如果没有挖深井的专业能力，那么是难以搞定大客户的。

我一直反复强调：要开发大客户，销售人员必须要与大客户同频共振。什么叫同频共振呢？直白地讲，就是销售人员的专业能力一定要与大客户的消费需求匹配。这是因为销售人员的作用不是卖东西，而是帮助客户买东西。客户体量越大，采购就越复杂。在采购的过程中，大客户如何才能买到真正满足需求的产品和服务呢？这依赖于销售人员的专业建议，因为专业的销售人员一定比大客户更懂产品。以我自己过去带领的大客户销售团队为例，团队中每个人至少能用两种语言与客户交流，每个人都是做方案和招投标的高手，都能真正站在客户的角度做行业分析，并能给出与客户不同需求阶段相匹配的解决方案。

因此，真正专业的大客户销售人员不是靠溜须拍马、喝酒拉关系拿单，而是凭借专业能力加关系来拿单，只有这样的销售人员才会受到客户发自内心的尊重。而客户尊重销售人员，是因为销售人员帮助了他。但在现实中，我观察到很多企业居然会派一个刚刚从学校毕业的新手去接洽大客户，这是对大客户极大的不尊重。

2016年，我辅导了一家项目制类型的企业。刚刚找到我的时候，这家企业的创始人表现得非常痛苦，因为其公司一半以上的大客户都是由他开发的，另一半则是靠几位老销售。这几位老销售手里握着公司的大客户，自然表现得趾高气扬、我行我素。这些老员工没有人愿意做管理者，稍微受点委屈，就选择辞职单干。用这位创始人自己的话说，公司培养了一堆竞争对手，而他自己又忙于开发大客户，没有时间和精力培养团队，导致销售团队中的大部分人都没有开发大客户的经验和能力。因此，虽然这家企业成立了30年，但每年的销售业绩始终在2亿元上下浮动。

这不是个例，很多公司老板都向我抱怨：自己也想制定大客户战略，但员工能力不够，开发不了大客户。每当这个时候，我都会和他们分享一个关于管理的“补缺理论”。

什么叫“补缺理论”？这源于我自己多年做管理的经验。假设开发大客户的能力为一个圆圈，那么管理者一定要故意给这个圆圈留一个缺口，锻炼自己的下属去补上它。即使老板自己冲上去，两个小时就可以把事情做到十全十美，也一定要耐住性子，给下属机会去做。也许下属做这件事情需要花费两周时间，最后的结果也没有老板做的结果好，但是，这个过程就是培养的过程，是团队成长必须付出的代价。这就好比家长带孩子，家长要慢慢放手，让孩子自己去尝试，也许这个过程会很慢，但久而久之，家长就会发现孩子的能力缺口慢慢补上了。很多企业的销售团队成长不起来，就是因为企业家和管理者没有给下属留缺口，再加上没有科学的培养机制，再好的苗子也难以成长。

综上所述，无战略、无组织、无画像、不专业是很多企业大客户进不来的四大核心原因。

困境二：做不大

我观察到的第二个典型困境是“客户进来了，但是做不大”。我在咨询过程中观察过一些做招投标的企业，发现它们大多都有一个共同的“毛病”：销售团队费了九牛二虎之力将一个大客户成功开发出来了，但是大客户提供的生意却只能带来蝇头小利。也就是说，企业在大客户身上投入了大量的资源，但最终得到的回报却与之不成正比。

为什么很多大客户做不大呢？仔细分析下来，我发现背后至少有三个原因值得深思。

无管理

为什么大客户给企业的份额会很小？一种可能是企业没有设计针对大客户的维护体系，导致客户开发做不深、做不透，这是很致命的；另一种可能是企业市场部研发产品的能力没有跟上，无法匹配大客户不断升级的需求。也就是说，企业的产品画像没有基于大客户的需求进行升级，这样大客户自然就做不大，甚至还可能会流失。

客户不会自然而然地做大。任何大客户都需要企业对其进行全链路跟踪以及全生命周期管理，只有大管理才能做大客户，从而带来大业绩。因此，企业必须以大客户为核心做好扎实的过程管理。只有企业做好扎实的过程管理，上面提及的问题才会得以解决。从我服务过的企业来看，今天很多企业无论是对销售人员还是对客户，都采取类似放羊的措施，任由销售人员自行发挥，放任客户不管。这就不难想象，大客户难以做大、做好的原因。

无机制

很多企业无法做大客户还有一个核心的原因：机制的问题没有得到解决。这里所说的机制指的是科学的对内、对外机制：企业对内激励销售人员的机制应该如何设定？企业对外激励大客户的机制应该如何设定？如何吸引客户与公司开展深度合作？要做好大客户开发管理，企业的一、二把手一定要成为机制设计高手，而他们还没有彻底领悟到这一点。

无策略

大客户做不大的第三个原因是无策略。传统企业拿下大客户大多靠的是喝酒拉关系。但是，一家企业可以喝酒拉关系，它的竞争对手也可以，甚至可以比它做得更好。因此，这种做法是没有差异的，也很难帮助企业长期经营好大客户。

未来企业面临的竞争会越来越激烈，但是客户根本不关心谁占上风，他们关心的只是自己的利益。客户在选择产品的时候，逻辑只有一个：选择最好的产品。当然，客户真正想要的也不是企业的产品，而是产品背后的价值。比如，客户今天来做体检，他买的不是体检服务，而是健康；客户今天来上课，他买的不是课程服务，而是解决业绩增长问题的方案。本质上，客户要的是产品和服务带来的效果。

人是兼具理性和感性的动物，因此，除了为客户提供高价值，企业还要与客户建立深度的客情关系。尤其是对于决策链条复杂的B端大客户而言，企业要想在竞争中取胜，必须建立全方位的立体关系网络。

因此，在开发大客户的过程中，企业需要价值策略和关系策略双管齐下，只有凭借专业能力加关系，才能与大客户保持长期的良性互动。

困境三：留不住

在我所服务的企业中，很多企业还面临一种非常典型的困境：企业的客户池子就像一个漏斗，销售人员在前端拼命地开发大客户，而后端却疏于管理，从而导致大客户前脚刚进来，后脚就流失了。事实上，一个健康的大客户模型应该像一个蓄水池，企业源源不断地向蓄水池输送新的大客户。在这些新客户进来以后，企业要想方设法地将这些客户发展成长期客户，让这些大客户能够长期留存、复购，甚至成为企业的终身客户。一旦企业的产品和服务超出了大客户的预期，这些忠实的大客户就会源源不断地为企业推荐新的大客户。唯有如此，企业才能形成正向循环，让越来越多的大客户沉淀在大客户池子里。

遗憾的是，现实中有太多企业是漏斗模型，而非蓄水池模型。其根源在于，今天很多企业没有成立客服部，也没有建立真正的客服体系，无法对客户进行项目制管理。一个健康的营销体系应该包括三个部门：市场部、销售部和客服部。这三个部门分工各不相同，市场部的职责是锁城（锁定大客户），销售部的职责是攻城（进攻大客户），客服部的职责是守城（留住并做大大客户）。只有这三个部门形成一个完整的大营销体系，才能使整个业务体系高效地匹配客户需求。

而今天大多数企业缺少的正是守城体系，这存在两种情况。一种情况是企业将守城的工作直接交给销售人员，所有的开发和售后服务工作都由销售人员负责，从而导致客户只认销售人员，不认公司，这使得大客户变成销售人员的“私人财产”。

另一种情况是企业没有客户终身价值战略，从而导致销售人员急功近利，没有长线思维。销售人员用尽一切手段，只为将大客户开发进来，做一锤子买卖，他们只在乎这一单生意能否把客户的口袋掏空，根本不考虑客户的长期价值。从这个角度讲，这是企业底层价值观不正。营销团队最容易犯的错误是唯业绩论英雄，这是因为企业只关注销售人员的短期绩效表现，导致他们产生投机主义与短期行为。但是，企业服务大客户必须坚守长期主义的精神。企业的目标不是做一锤子买卖，而是与客户发展并维持长久的关系。如果一家企业的初心是长期为客户创造价值，那么它就不会被短期利益诱惑，去做伤害客户的事。正因如此，这家企业就有了从更长远的角度去思考、从更高的维度去做战略分析的优势。正如《后汉书》所言：“天地之功不可仓卒，艰难之业当累日月。”这句话的意思是，创建天地那样大的功业，是不可能仓促完成的；艰难的事业只有逐日积累，才能成功。

什么叫长期主义？按照泰康董事长陈东升的解释：“奉行长期主义的企业就是不赚短钱，不赚眼前的钱，而是赚客户愿意给企业的钱，赚客户愿意一生给企业的钱。”如果企业的底层价值观不正，战略、组织、流程、机制、策略等都没有围绕客户长期价值设计，再加上公司没有匹配相应的守城体系对客户进行项目制管理，那么，最终结果就是大客户满意度低，从而流失。

大客户全生命周期管理

如何解决大客户进不来、做不大、留不住的三大困境呢？既然我已经找到了以上八大原因，即无战略、无组织、无画像、不专业、无管理、无机制、无策略和无项目制管理，那么接下来我就要从顶层开始重新布局，设计出八大模块，形成一套从售前、售中到售后的大客户价值传导体系。

为此，企业必须要设计领先其竞争对手的大客户全生命周期管理体系，从开发前、开发中、开发后三个维度，系统化地建构一套科学的大客户开发管理系统，从而实现“战略设计—组织架构—资源配置—能力建设—过程管理—机制设计—策略设计—项目制管理”的业务闭环。以上八个方面，构成了我对大客户开发管理的系统性认知。

接下来，我就沿着大客户开发管理的时间线，梳理出在前期准备、中期开发和后期维护三个阶段，企业需要做好的八大模块的科学设计，以支撑大客户的全生命周期管理系统（见图1–1）。

前期准备	中期开发	后期维护
◉ 定战略	◉ 抓管理	◉ 项目制管理
◉ 优架构	◉ 精机制	
◉ 高挑选	◉ 明策略	
◉ 深通关		

图1–1　大客户全生命周期管理系统

前期准备

定战略

大客户开发管理的起点在哪里呢？我认为答案是定战略。现实中，很多企业将大客户开发管理当成一个战术行为，市面上也充斥着各种关于大客户开发管理的战术型课程和书籍。然而，在我看来，大客户开发管理不是一个战术层级的行为，企业需要站在战略的高度俯瞰整个大客户战略的全局。本书的使命就是基于大客户全生命周期，对企业开发管理大客户做系统性思考，进行顶层架构设计和精细化运营指导，并给出一套适用于实操的思维框架和管理工具。

战略要以终为始，站在未来看现在，因此战略的首要任务是设定战略目标，解决企业到哪里去的问题。如果一家企业没有设定清晰的大客户战略目标，那么结果可能会南辕北辙，即所有人嘴上喊着大客户，实际开发出来的却是小客户。因此，企业只有设定了清晰的大客户战略目标，并将战略目标分解到各个部门、各个员工身上，才有可能真正地将大客户战略落地。

企业家不妨问一问自己：我有没有把大客户开发管理上升到战略高度？我有没有设定未来5年甚至10年的大客户战略目标？在公司年度目标里，我是否设定了大客户收入在总收入中的占比？……如果以上都没有做到，那么企业的大客户有可能增加吗？

优架构

战略决定组织，组织是战略实施的载体。在大客户战略目标定下来以后，什么支撑大客户战略目标的实现呢？这就要靠组织来承接。企业要调组织、优架构，将实现战略目标的任务通过组织架构分工并传达，只有这样才能真正将大客户战略落实。

本质上，组织架构是一个权力系统，其核心是专业化分工。为什么许多企业没有对营销部门的职能进行分工呢？这背后的原因是企业没有梳理清楚职能的分工及其协同关系。在创业初期，企业资源极度有限，所有与客户有关的事情，从前期调研到中期成交，再到后期维护，可能都由同一个人来干。然而，术业有专攻。在企业发展到一定规模以后，营销部门就需要进行更专业的分工，让拥有不同优势的人进行协作。专业化分工越细致，组织的效率就越高。

因此，要完成大客户战略目标，企业需要对营销部门的组织架构做调整。至于需要做哪些调整？调整背后的逻辑是什么？这些是企业在开发大客户之前就需要想清楚的问题。

高挑选

在组织架构调整好后，企业就要开始为大客户配置资源了。

一家企业经营水平的高低取决于其资源配置能力，而企业最核心的三类资源无外乎客户、产品和员工。企业要想提高投资回报率，就必须把最好的产品资源和员工资源投给最有价值的客户。因此，在开发大客户之前，企业首先要精准锁定画像：谁是企业的大客户？大客户需要匹配什么样的产品方案？谁来开发这些大客户？

在行动教育，我们习惯将大客户称为战略客户。何谓战略？战略就是取舍。任何一家企业的资源都是有限的，只有把客户选对了，企业才能保证资源的投入是有效的。为了提高这三类核心资源的配置效率，企业要精准锁定客户画像、产品画像和员工画像。这些画像就是战略取舍的标准。

锁定客户画像是企业的核心任务，企业要锁定那些能够带来高回报的客户；锁定产品画像是为了更好地匹配大客户的需求，从而造出打赢战争的武器；锁定员工画像则是为了将最好的人才资源向大客户倾斜，也就是为战场输送最优秀的特种兵。针对这三类核心资源，企业一定要本着“高挑选”的原则，认准画像，精准锁定。

深通关

锁定客户画像、产品画像和员工画像后，企业就要为销售人员上战场做准备了。

众所周知，与普通客户的销售相比，大客户的销售难度大、决策链条长、决策结构复杂、竞争格局扑朔迷离。销售人员如果没有经过专业化训练，那么很可能一上战场就沦为炮灰。因此，在开发大客户前，企业要对销售人员做专业培训并匹配相应的深度通关，还要打通通关和培训的闭环，不断地提升员工能级，以提高大客户开发成功率。

综上所述，定战略、优架构、高挑选和深通关，是企业开发大客户前必须要做到位的四件事。

中期开发

做好开发前的准备后，企业在开发中需要做好哪些事情呢？

抓管理

根据我的观察，营销部门最大的通病是重业绩、轻管理，一切以业绩为导向。这是因为企业忽略了业绩产生的因果逻辑：业绩是果，管理是因。没有好的过程管理，就不可能有好的业绩结果。因此，当很多企业家向我抱怨大客户开发不进来时，我会提醒他们检查大客户开发的过程管理是否做到位。如果企业没有对大客户开发的每个关键节点进行科学的管理，那么即便产生了业绩，也不过是运气而已。

什么是有效的过程管理呢？很多企业将过程管理等同于过程监控，我认为这种做法太简单直接了。真正的过程管理包括两个步骤。第一个步骤是将战略目标转化为员工的执行地图。比如，公司今年的大客户销售业绩目标是5亿元，那么如何达成这5亿元的目标呢？管理者首先要将达成目标的战略地图绘制出来：谁来卖？卖给谁？卖什么？怎么卖？销售动作如何量化？考核机制是什么？有了这张战略地图，企业也就有了战略目标落地的导航图。第二个步骤才是管理者对整个战略地图的执行过程进行有效的监控和辅导。只有这两个步骤都做到位了，业绩成果才能有保障。

精机制

企业在明确了“做什么”和“怎么做”以后，接下来就要解决“为什么做”的问题。很多企业设计好了过程管理动作，但是员工却没有动力去执行。这就意味着企业要通过机制设计来激活员工和客户的动力。因此，要想做好大客户开发管理，企业还必须匹配一套好机制。从我对多家企业的调研来看，缺少一套好机制是企业普遍面临的挑战之一。

明策略

当企业设计出了好机制，员工的意愿就被调动起来了。紧接着，企业还需要明确大客户的开发策略。因为开发大客户需要关系加专业能力，所以企业必须要有一套标准化、可复制的关系策略和价值策略。

后期维护

项目制管理

开发成功并不是销售产品的终点，而是服务大客户的起点。这是因为任何企业开发出一个大客户，都会耗费大量的资源，如果在大客户开发完以后，企业就任其自生自灭，那么，这是对资源的巨大浪费。企业既然已经投入了巨大的资源，就必须让这个投资活动持续产生巨大的回报。因此，在大客户开发完以后，企业还要通过项目制管理来锁住大客户，即通过对大客户的持续管理，将客户做大、做深、做透。

以上八个模块是一套组合拳，切不可偏废。回顾职业生涯，我在企业一线做了18年的营销工作，其中三分之一的时间用于体系建设，三分之一的时间用于运营管理，三分之一的时间用于大客户开发。尤其是在宅急送和顺丰任职期间，我总计参加了180多场招投标，其中有90个大客户都是由我亲自开发的，这也给我留下许多宝贵的经验。秉承“讲自己所做，做自己所讲”的实效理念，我基于实践为大家总结一套大客户开发管理的思考框架和系统方法论。接下来的章节，我将围绕这八大模块一一展开阐述。

第二章
定战略：设计客户金字塔

客户结构比客户数量更重要

经常有人问我：如何评估一家企业业绩增长的潜力？我的秘诀是分析客户结构。令人惋惜的是，我发现很多企业家会本末倒置，他们更重视的不是客户结构，而是客户数量。

如果我问他们：如何才能将业绩翻一倍？最常听到的回答是，将客户数量翻一倍。因此，很多企业将引流作为企业的关键绩效考核指标。然而，以我的经验来看，真正决定一家企业业绩是否可持续增长的不是客户数量，而是客户结构。

什么是客户结构呢？顾名思义，客户结构是指按所贡献的业绩占比来排列的大客户、中客户和小客户所构成的体系。以我的经验来看，最理想的客户结构应该是金字塔结构。埃及金字塔穿越几千年的风雨，时至今日仍然屹立不倒，这得益于许多巨石的支撑。类比到企业经营中，这些巨石就是企业的大客户。当然，巨石之间难免会留下一些缝隙，这些缝隙中就可以填充一些中等石块，这些中等石块就是企业的中客户。再仔细观察，你会发现中等石块之间还留有许多小缝隙，而这些缝隙中就可以填充一些小石块和砂石，这些小石块和砂石代表企业的小客户。一个健康的客户结构就是以大客户为主，以中客户为辅，再搭配一些小客户。

反观国内的中小企业，很多企业的客户结构都是由众多的中小客户组成的，严重缺乏巨石的支撑。中小客户最大的问题是什么？他们的抗风险能力极弱，一场金融危机就足以让这类客户跌入深渊。

10多年前，我受邀加入顺丰。当时顺丰的主营产品是标准快递，主体客群是中小零散客户。当金融危机来袭时，这些中小零散客户的弱点迅速暴露出来：抗风险能力极差。当遭遇经济寒冬时，这些中小零散客户要么身陷困境，自顾不暇；要么捂紧口袋，准备过冬。

分析完公司面临的现状，我的下一步就是从改善客户结构入手，分析大客户未被满足的需求。因此，我锁定全国范围内的100家大客户，并从全国各地的营销团队中选出一批销售精英，亲自带领他们开发大客户。一年后，这支队伍不负众望，如愿以偿地开发出了这100个大客户中的绝大部分，再加上顺丰各地营销团队开发的大客户，大大地改善了公司的客户结构，也极大地增加了公司的现金流。

再次分享这段经历，我想强调的是，企业的客户金字塔是可以通过设计得到的。

当我在课堂上讲出这个观点时，有一位经营美业连锁店的老板提出疑问：“陈老师，我做的是美业连锁，像这种连锁公司也可以设计客户金字塔吗？”巧合的是，彼时我正在辅导一位美业类客户，这位客户在北京经营着20多家美容院，此前的年营收为1亿多元。在我进入这家企业之前，这家企业的客单价为几千元。

一次偶然的机会，这家企业的创始人遇到了我，与我交流，我建议她重新设计企业的大客户画像，再根据大客户画像匹配相应的产品和团队。这一系列操作在2021年的七八月就完成了。

2021年9月，这家企业在公司内部发起了一场专攻大客户开发的战役：组建了一支由20多位店长和大客户销售人员组成的销售特种兵队伍，向北京市场发起总攻，目标是向大客户销售一款百万级别的产品。令他们始料未及的是，在短短35天时间里，这支特种兵队伍就攻下了60多个大客户，使公司成功进账了6 600万元。这次战役的胜利完全激发了团队的斗志，尝到甜头的他们也不再满足于百万级别的产品。随后，公司与一家高端医院合作，在美容产品的基础上导入了健康美的理念，成功设计出一款300万元量级的产品，并在同年年底成功开发了两个千万级的客户。2021年，这家企业的年营收达到了创业近20年的最高峰，从2020年的1亿多元增加到2.31亿元。

这个案例充分佐证了：一切都是可以通过设计得到的。过去这家企业没有大客户画像，没有专业销售人员去做大客户开发，也没有匹配大客户的产品，当然很难做出大单。事实证明，企业只要有一套开发管理大客户的系统方法论，设计出更加健康的客户结构，就完全可以做出大单。

从口号到目标

在企业内部做调研时，很多销售部负责人告诉我："我们公司也想做大客户，正在大力推行大客户战略。"听到类似的话，我感到非常欣慰。然而，当我进一步追问"你们公司的大客户战略目标是什么"时，许多人给我的答案是："把大客户做得越来越好！"这个空泛的回答暴露了一个严重的问题：这些企业提出的大客户战略不是目标，而是口号。

目标是什么？目标就是手机导航中的目的地，企业只有确定了目的地，才能规划出到达目的地的导航路线。如果没有确定目的地，那么所有人都不知道下一步应该往哪里走，从而到处乱撞，把时间浪费在错误的道路上。因此，落地大客户战略的第一步，就是设定大客户战略目标，让所有人都知道目的地在哪里。有了目标，企业才能确定每位员工的工作。

一个合格的目标必须符合管理学中经典的SMART原则：

- S代表specific，目标一定要具体；
- M代表measurable，目标必须可衡量，要量化目标；
- A代表attainable，目标要有挑战性，但一定是可达成的；
- R代表relevant，设定的目标要和大客户相关联；
- T代表time-bounding，在规定时间内完成目标。

比如，公司要在10年内将大客户收入在销售总收入中的占比提高至60%，这个大客户战略目标就是非常明确的。

当然，战略不等于战略目标。企业在明确了战略目标后，还要有行动方案和达标路径，否则战略与执行就会脱节。经常有企业家和管理者向我抱怨总是完不成既定目标，根源就在于此。战略不仅仅是提出目标，还需要落实到具体的行动方案。

以我在顺丰的经历为例，2008年我在顺丰搭建营销系统时，我把营销战略的重心放在大客户开发上，并将其作为一项长期工程来执行，对此，我设定了10年的大客户战略目标：顺丰要在10年内将大客户收入占比提高至少5倍。基于此，我设定了第一年的大客户战略目标——将大客户收入占比提高1倍以上。

为了完成这一目标，我们计划以亟待解决的代收货款业务作为切入点，并思考可能成为我们的大客户的企业类型。最终我们锁定了全国的电购、网购、邮购等平台企业，并绘制出全国客户地图。紧接着，我们在全国挑选最优秀的销售人员组建一支销售特种兵团队，对他们进行严格的培训和通关，通关合格后再按照客户地图来分配锁定开发大客户的任务，并在开发过程中做好销售过程管理。与此同时，我们还要优化机制——对销售特种兵团队进行星级评定，打通晋升与淘汰通道，设计科学的薪酬机制。销售人员每成功开发一个大客户，顺丰就需要及时成立项目制团队对其进行后续服务。在这一系列连贯的行动下，顺丰的大客户收入占比确实呈现出逐年上升的趋势。而这一切行动都是在战略目标的指引下完成的。

那么，如何设定大客户战略目标，并保证其落地实施呢？根据实践经验，我提炼出了以下三个方法。

以终为始：设定10年大客户战略目标

战略目标解决的是企业去往何处的问题。在我与成千上万家企业打交道的过程中，我发现许多企业所谓的“大客户战略”只是飘在空中的一种理念，没有真正落实到经营管理中。企业如果要落实大客户战略，首先要做的是设定中长期大客户战略目标：未来10年，大客户收入占比要提高到多少？

为什么要以终为始地设定大客户战略目标呢？这背后体现的是企业的价值观。如果企业没有确立为客户创造终身价值的价值观，那么大客户战略就是无根之木、无源之水。在现实中，我观察到许多企业都是做一年看一年，最多思考一下三年规划。然而，战略要站在未来看现在，企业只有为未来布局，才可能赢在未来。企业如果只考虑活在当下而不考虑未来，那么未来可能活不好。

企业如果要将大客户战略作为长期战略，那么首先要认真思考未来10年的大客户战略目标。企业只有拉长时间来思考如何为客户创造长期价值，才会有足够的耐心和定力，来保证自己的动作不变形，不会为了短期利益而去损害客户价值。

我曾经走访过不少日本的百年企业，发现日本长寿企业的经营周期规划要比普通企业长远，许多企业对于目标的规划是“短期10年，中期30年，长期100年”。正是因为将时间拉长，为客户创造价值时它们才能保持初心和耐心，而这也是它们长盛不衰的秘诀。

长期的大客户战略目标应该如何设定呢？企业可以参考以下三个维度。

- **定大客户收入占比。**根据咨询服务的经验，我参考了不同销售类型的企业，给出一个参考比例。对于门店连锁类、电子商务类以及经销商、代理商和加盟商类企业而言，大客户贡献的收入权重占到50%以上才是健康的营收状态；对于大客户项目制类型和外贸销售型企业，大客户贡献的收入权重至少要占到80%，因为这两类企业是依赖大客户的销售服务型企业，所以大客户收入占比应该更高。
- **定大客户个数。**比如，公司10年后的大客户个数要达到100个、1 000个甚至10 000个。企业如果要定大客户个数目标，就一定要定义清楚大客户的标准，比如年贡献业绩在1 000万元以上的客户才能被视为大客户。
- **定大客户收入增长率。**比如，公司10年内大客户收入增长率要达到5倍或10倍增长。

稳健增长：倒推出每年大客户目标

终点就是起点。在10年战略目标确定以后，企业就可以按照每年稳健增长的原则，倒推出5年、3年和1年的大客户目标。

假设有一家项目制类型的企业，其目前的大客户收入占比只有

10%，而未来10年内要达成的目标是80%。接下来，这家企业就倒推出每一年的大客户目标：收入占比从10%依次提高到20%、30%、40%、50%、60%、65%、70%……

锁定目标后，只有接下来的一切工作都围绕这个目标展开，企业才能调集资源，员工才能真正重视起来，管理者也才能有管理的抓手。

目标分解：三大部门共同承接

年度目标定下来以后，又该如何分解下去呢？在实际经营中，这个目标通常都是由销售部承接的。这种做法在创业初期是可行的，但随着企业规模的扩张，企业想要将大客户做大、做深、做透，仅仅靠销售部单打独斗是不可取的。

企业必须在组织结构上进行创新——重新分工，将整个营销部门一分为三，三个部门联合作战：市场部负责售前锁城（锁定大客户），销售部负责售中攻城（开发大客户），客服部负责售后守城（管理大客户）。这三个部门也被我称为大客户开发管理体系的三大支柱。

第一根柱子：市场部负责售前

在售前环节，企业要让市场部参与进来，由外而内地进行市场调研，研究大客户画像，并设计匹配大客户需求的产品画像。也就是说，市场部从一开始就要做好精准布局和精准设计。今天很多企业之所以销售效率低下，就是因为市场部的工作没有做到位，导致子弹打得不准。

第二根柱子：销售部负责售中

过去，售前、售中和售后由销售部一手包办。现在，营销部门一分为三，销售部就只需要专注于售中环节的大客户开发。一旦市场部完成了布局和设计，销售部就可以开始攻城略地，对大客户发起进攻了。

第三根柱子：客服部负责售后

大客户开发进来后，企业如果守不住，那么过去在大客户身上做的投资就打水漂了。因此，企业还需要建立专业的客服体系，由客服部专门承接售后工作。值得注意的是，这里所说的售后不是指简单地处理客户的投诉与理赔，而是将企业与大客户深度绑定，对大客户进行管理，持续挖掘大客户的新需求，将客户做大、做深、做透。

有了这三根柱子的紧密合作和共同支撑，企业才能保证大客户在全生命周期的前段、中段和后段都有专业的部门来服务。如此一来，大客户战略目标才能真正落地。因此，大客户战略目标还必须要分解给三大部门。

假设某公司2021年的大客户销售收入为1亿元，而2022年设定的大客户销售收入目标是翻一倍，那么这2亿元的目标由什么构成呢？我们可以将目标拆解为以下公式：

大客户销售收入＝大客户数量×大客户客单价×大客户购买频次

为了方便理解和记忆，我们不妨将这三个要素通俗地理解为三多：多客（大客户数量多）、多买（大客户客单价高）、多来（大客户购买频次高）。现在新的问题来了：这三个要素又如何分解给三大部门呢?

“多客”的指标分给销售部。销售部负责攻城，负责开发新的大客户。因此，分解到销售部的指标是大客户数量的增长率。

“多买”取决于市场部的产品研发能力。市场部是根据客服部挖掘到的客户需求进行产品研发的，因此，大客户客单价增长率这一指标分给市场部和客服部。市场部的绩效考核指标是新产品收入在总收入中的占比，而客服部的绩效考核指标是老客户客单价的增长率。

“多来”靠的是大客户复购率。它一方面取决于市场部研发的产品能否满足大客户的需求，另一方面取决于客服部的售后服务能否让客户满意。

过去很多企业的做法简单且无理，直接要求销售部将大客户的业绩增加1倍。显然，销售部要完成这个指标是有难度的。因为这意味着大客户销售团队的规模必须扩大1倍，而这个代价太大了!

如果企业换一种思路，按照“三多”公式的逻辑，将指标分解给三大部门，那么这个目标实现起来就简单多了。我曾经在课堂上做过测算，根据“三多”公式，企业只需要将三个部门的指标分别增加25%，就能完成大客户业绩翻倍的目标。也就是说，只要销售部、市场部和客服部分别将大客户数量、大客户客单价和大客户购买频次增加25%，企业基本就能完成大客户业绩翻倍的目标。即便每个指标只能增长10%，大客户业绩也可以增长33%。

按照这家企业前一年的大客户销售额1亿元来计算，如果销售额每年持续增长30%，10年后，这家企业的大客户销售额会增加至

14亿元；如果销售额每年持续增长60%，10年后，这家企业的大客户销售额就能超过百亿元；如果销售额每年持续增长100%，10年后，大客户所贡献的业绩就能超过一千亿元！

第三章

优架构：三大部门联合作战

市场部锁城—销售部攻城—客服部守城

战略决定组织，组织跟随战略。架构是组织有效运作的前提。在战略目标设定好以后，企业接下来需要思考的是：如何调整组织架构以支撑战略目标的达成？如何设计营销组织的分工？这是企业亟待解决的问题。这就好比一场战争中的人员布局，将军不可能安排所有士兵都上前线，有人负责上阵杀敌，有人负责物资补给，有人负责埋锅做饭……然而，今天大部分企业在营销组织上是没有分工安排的。

谈及大客户开发，很多企业都成立了专门的大客户销售部。那么，是不是企业成立了大客户销售部，大客户数量就会快速增长呢？以我的经验来看，这样做确实会对大客户数量的增长起到一定的拉动作用，但作用十分有限。

为什么？20多年前，我在管理营销团队的过程中就发现仅凭单一的销售部很难解决业绩持续增长的问题。如果企业把整个大客户开发管理流程分为销售前、销售中、销售后三个阶段，那么各个阶段需要做的工作各不相同，人才画像更是千差万别。

不同类型的任务需要不同类型的人才：销售前的市场调研、产品研发等工作，要求员工必须要有灵性，能够敏锐地洞察市场的变化以及客户的需求；销售中的大客户开发，则要求员工必须有狼性——一旦发现目标，紧咬住猎物，绝不松口；销售后的客户服务工作，则要求员工富有耐性，能耐心听取客户的反馈，及时有效地解决大客户的问题。企业可以将这三类工作交给同一名员工来做，不过，这种复合型员工极其稀缺，因为一个人很难同时兼具灵性、狼性和耐性。

基于此，我开始思考用组织分工的方式来取长补短，让每一种性格的员工都能够在营销团队中聚焦自己的优势，发挥自己的长处，避开自己的短板。企业可以对营销的三个阶段进行拆解：将销售前的工作交给市场部，将销售中的工作交给销售部，将销售后的工作交给客服部。如此一来，每一类人都可以在自己擅长的领域内做到最好。

正如德鲁克所言："组织的目的是要让平凡人能够做出不平凡的事。组织是一种发挥成员的长处，让他们的弱点变得无关紧要的手段。没有哪个组织能够依赖天才，因为天才总是罕见的、供应不稳定的。组织要经受的考验是看它能否让普通人取得比独立工作更好的绩效，看它能否发挥成员的各种长处并以此帮助其他成员取得更好的绩效。与此同时，组织还必须抵消成员的弱点。"这是组织应该创造的价值。大客户对专业度的要求远远高于普通客户，企业如果以组织分工的方式来取长补短，就可以大大提高大客户的满意度。

从组织架构上看，这三类员工分别代表了企业的海、陆、空三个兵种，这三个兵种分别承担了大客户开发管理的部分职能。

那么，这三大部门分别承担哪些岗位职责呢？接下来，我会依次阐述每个部门的职能分工。

市场部：市场调研＋产品研发

经常有人问我：市场部到底是做什么的？市场部和销售部有什么区别？这充分证明许多人对市场部的概念非常模糊，甚至还有不少市场部的人将市场部视作广告部。那么在大客户开发管理的过程中，市场部到底充当什么角色？它主要承担哪些岗位职责呢？

从实践经验来看，市场部在大客户开发管理的过程中至少承担两个重要职责：一是市场调研，锁定大客户进行深度调研；二是产品研发，研发匹配大客户需求的产品。

市场调研八字诀：知天、知地、知彼、知己

根据10多年来对数以千计企业的近距离观察，我发现大部分中小企业几乎都不做市场调研，基本凭感觉做决策，既没有对行业和客户进行深入调研，也缺乏对竞争对手的了解。事实上，企业要

开发大客户，首先要做好情报工作——锁定大客户，并做好深度调研，否则就如同乱枪打鸟，白白浪费子弹。

如何做好市场调研工作呢？《孙子兵法》中有一句话：“知彼知己，胜乃不殆；知天知地，胜乃不穷。”借鉴《孙子兵法》的哲学理念，我提炼出市场调研的八字诀：知天、知地、知彼、知己。

知天：调研行业

“知天”即调研行业，企业的“天”就是行业。这里的行业既指企业所在的行业，又指目标大客户所在的行业。

在与成千上万企业家和高管互动的过程中，我发现不少人对自己所在行业的市场容量都不甚了解。事实上，企业家和高管不仅要对自己的行业现状和发展趋势如数家珍，还要关注目标客户的行业趋势和发展动向。企业只有深刻洞察目标大客户的行业趋势和发展动向，才能更好地洞察业务需求，提前发现业务机会。

因此，市场调研的第一步是了解行业现状以及发展趋势。

- **行业现状，**包括行业政策、市场容量、客户分布、产品结构等。收集这些信息的难度并不大，企业可以通过行业分析报告、咨询公司、行业协会、政府相关部门及行业相关会议等渠道收集。
- **发展趋势，**包括未来市场发展方向、行业政策走向、客户需求预测、技术发展趋势等。企业可以通过行业期刊、行业报告、政府相关部门、咨询公司以及行业协会组织等渠道获取这些信息。

知地：调研客户

“知地”即调研客户。调研客户具体包括以下六个方面：

- **调研大客户现阶段及未来的发展规划。**企业以此来预判客户对企业的产品及服务的需求。企业可以通过大客户的公司网站、公司年报、公司战略规划以及客户访谈等渠道获取这些信息。
- **调研大客户的痛点及需求。**所谓需求，指的是客户现状与期望之间的差距，差距就等于需求。因此，企业在调研大客户的过程中，一方面，要找到客户已经明确的需求，包括一般需求和个性化需求；另一方面，要善于洞察客户没有表达甚至还未意识到的隐性需求。顾名思义，隐性需求通常是不可见的或不明显的，这些需求隐藏在客户的头脑里。销售人员可以运用多种方式来挖掘客户的需求，获取渠道包括但不限于大客户访谈、行业专家访谈、大客户销售人员访谈、行业代理商访谈以及行业报告等。
- **调研大客户的购买行为。**客户预算有多少？预算用在哪里？多少人使用产品？客户使用产品后想要达到什么效果？企业怎样才能拿到这些钱？简言之，企业要调研大客户：如何做出购买决策？是一个人还是一群人做决策？如果是一群人共同决策，那么整个决策链条是如何运作的？每个人在其中扮演的角色是什么？需求分别是什么？企业可以从客户内部的支持者或者友商处获取这些信息。

- **调研大客户的客户。**客户的客户才是企业真正的客户，因此，企业不仅要调研自己的客户，还要调研客户的客户，了解他们的痛点，以及他们为什么会选择企业的客户的产品等。唯有比竞争对手多走一步，企业才能更深入地理解大客户的需求，并帮助自己的客户更好地成就他的客户。
- **调研大客户的对手。**企业的客户也有自己的对手，客户如何才能打败对手，从他的客户那里获得比较优势呢？这是企业要帮助客户思考的问题。因为只有回答好这个问题，企业设计的产品和服务才有更强的针对性，才有可能帮助大客户在错位竞争中胜出。
- **研究大客户的标杆供应商。**企业研究客户的标杆供应商，本质上是为了找到对标的参照系，评估自己离标杆还有多大的差距。企业接下来要做的是学习客户的标杆供应商，日拱一卒，不断精进。

知彼：调研对手

“知彼”指的是调研对手。

《孙子兵法》中有一句话：“知彼知己者，百战不殆；不知彼而知己，一胜一负；不知彼，不知己，每战必殆。”大客户是企业竞争态势白热化的战场，是所有企业的必争之地。这里的竞争对手不仅仅包括同行这样的直接竞争对手，还包括所有和企业争抢客户的间接竞争对手。从这个角度来看，谁和企业抢客户，谁就是企业的竞争对手，而这个竞争对手可能和企业根本不是同一个行业的。

假设你经营着一家美容连锁企业，当你向大客户推销300万元的健康产品方案时，站在客户的视角看，你所面对的竞争对手就不是传统的美容院，而是证券公司、保险公司甚至房地产公司。因为如果客户不将这300万元用于购买你的产品，她就可以用这笔钱去投资股票、买保险或投资房产，所以你的对手不再是同行，而是证券公司、保险公司或房地产公司。

你需要向客户阐述清楚你的差异化价值：她凭什么要将300万元投资在你这里？与证券、保险和房地产产品相比，你的产品能为她带来哪些更大的价值呢？

因此，要开发大客户，企业首先要精准定位自己的直接对手和间接对手，下一步才是做好竞争对手管理。

具体来说，调研竞争对手至少要细化到以下程度，包括但不限于：

- **调研主要竞争对手的基本情况，**包括竞争对手的公司战略定位、公司规模、营销团队规模、营销团队主要领导人的作战风格及其履历、营销团队的新老员工比例、薪酬水平（包括管理者和普通销售员）是否具有竞争力等信息。如果这家公司有代理商或者经销商，那么企业还需要调研经销商或代理商的分布情况以及各自的业绩贡献占比等。

- **调研主要竞争对手的产品及服务的优缺点，**包括产品功能、产品价格、销售方式、销售政策以及售后服务等。对手的核心优势体现在哪些方面？他们的服务水平和专业能力如何？他们给了客户哪些优惠政策？他们与大客户有无特殊关系？他们过去采购的数量和价格是多少？基于以上信息，企业要避开竞争对手的长处，攻击竞争对手的短处。

知己：调研自己

调研的最后一步是“知己”，也就是调研企业自己。企业调研自己不仅需要了解企业内部情况，还需要进行全方位营销调研，包括调研自己的合作伙伴，比如调研经销商、供应商、代理商等上下游生态链的需求。

有人可能会觉得诧异：自己还需要调研吗？事实上，世界上大多数失败都源于不知己。企业只有充分了解行业现状及趋势、客户的痛点及需求、竞争对手的优缺点，才能在市场的坐标系中准确定位自己的优势和劣势。

具体来说，调研自己包括以下三个方面：

- **调研自己的优缺点，**包括核心竞争力、经营模式、运营能力、竞争壁垒以及相对短板等。
- **调研自己的产品及服务是否符合大客户的要求，**包括市场反馈、客户反馈，尤其是客户抱怨的地方。客户是企业的教练，他们的不满和反馈是产品更新迭代的最好推动力。

- **调研自己的合作伙伴，**比如供应商、经销商和代理商等上下游的需求。

调研完成以后，市场部每月或每周都要将上述调研结果整理成市场月报或市场周报，以此来指明销售部攻城的方向。

产品研发：持续满足大客户的需求

很多人看到产品研发这个职能就心生疑问：产品研发不是研发部门的职能吗？这里所说的产品研发，并不是指将产品实体研发出来，而是研发产品的概念。另外，这里的产品不仅仅指狭义上的产品，还包括产品组合和增值服务。

为什么要特别强调产品组合和增值服务呢？因为大客户与普通客户不同，他们的要求更高。企业如果提供给大客户的只是“大路货”——行业的标准化产品，那么就无法打动他们。

我曾经服务过深圳一家高新电子材料企业，这家企业主要是为光电触控屏、电子电路、智能按键三大高科技行业提供系统解决方案。对于这类企业而言，产品研发能力直接关系到企业的竞争力。当我对这家企业做调研时，董事长告诉我：“我们公司的大客户不少，但是大客户给我们公司的口袋份额（一家企业的产品或服务在一个客户的该类消费中所占的比重）却很小，客户都做不大。”

一番深入调研下来，我发现造成这一问题的根源在于市场部。事实上，这家企业之前已经成立了市场部，但市场部并没有发展出产品研发的功能，对于大客户的需求缺乏针对性调研，从而导致销售部给所有客户提供的产品方案是相似的，这就为企业埋下了大客户开发的隐患。因为大客户与普通客户不同，他们需要许多个性化增值服务，所以大客户即便被成功开发，也会由于市场部没有持续研发新产品而流失。要想维护好关系，企业必须不断推出新产品来满足老客户的新需求。新产品又会带来新客户，新客户还会产生新需求。企业只有形成正向循环，才能像滚雪球一样发展壮大。

我经常看到许多企业家和高管痴迷于大单品战略，总是妄想“一招鲜，吃遍天”。每当这个时候，我总会善意地提醒他们：这种战略只适合创业初期资源不足的企业。由于初创企业资源有限，这倒逼它们不得不将所有资源集中于一点，将某一个单品做深、做透。而一旦过了这个阶段，企业仍然死守大单品战略，就势必会对大客户开发造成极其不利的影响。大客户选择空间大，如果企业只能提供一个标准化产品，那就意味着很难为他们提供差异化价值，企业自然也很难从竞争中脱颖而出。

现如今，大部分中小企业面对的现实环境是行业竞争白热化，而产品的技术先进性不强，这就意味着产品同质化已经是不可避免的现实情况。那么，在产品同质化严重的大背景下，企业该如何突破这一瓶颈呢？

很多人可能想到了创新，那创新应该以什么作为切入点呢？我认为服务创新是一个不错的切入点。产品可以同质化，但服务却可以做到差异化。如果企业步入了发展瓶颈期，产品增长乏力，那么在这种情况下，市场部就可以发挥很大的作用：它可以将研发重心放在研发产品组合和增值服务上，以此来打造差异化价值，提高产品溢价。

当然，服务差异化的前提是，企业能够精准地捕捉客户需求，尤其是比对手更快速、更精准地捕捉大客户的个性化需求以及隐性需求。这就是要求三大部门联合作战的根本原因。

从我对数以千计企业的近距离观察来看，今天许多企业的产品研发流程不是系统性的，而是杂乱无章的。市场部缺少专业的市场调研活动，销售部以及客服部更是无法及时地将客户需求快速地传递给市场部。如果这条链路不通畅，那么研发部就是在闭门造车，或者跟着竞争对手的产品走，最终酿成的苦果是企业生产的不是产品，而是库存。

要突破这一瓶颈，企业必须对产品研发流程做系统化设计，研发路径应该是销售部或客服部—市场部—研发部，从客户中来，再回到客户中去，只有这样，企业才能快速地对接客户需求。企业只有比竞争对手更好地满足大客户的需求，才能与大客户建立长期稳定的关系。

市场调研不是一次性的任务，而是一个长期的任务。客户的需求是变化的，产品也是有生命周期的，产品从开发到进入市场，会经历介绍期、成长期、成熟期和衰退期。这就倒逼企业必须随时打开发现客户需求的雷达。一旦发现大客户的新需求，市场部就要快速地对大客户的新需求做出反应，研发出差异化产品和服务，从而牢牢地绑定大客户，最终赢得他们的心。

除产品研发以外，市场部的另一个重要任务是主导产品定价。在咨询实践中，我注意到很多企业的产品价格通常是由销售部决定的。企业将定价的权力交给销售部，会导致价格政策的制定者和执行者是同一个部门，这很容易出问题。这是因为销售部既制定价格，又执行价格，会导致权力过于集中，缺乏监督。

那这要怎么办？最好的办法就是将定价权交还给定价委员会，由市场部牵头成立定价委员会，联合生产部、研发部、财务部和销售部共同商定产品价格。

销售部只能拥有价格审批权限，而企业可以从两个维度来设置审批权限：一是根据客户的级别来定权限，大客户级别最高，享受的折扣最大；二是根据销售者的级别来定权限，销售者级别越高，享受的折扣越大。基层销售人员可以享受9折优惠，销售总监可以享受8折优惠，销售中心副总裁可以享受7折优惠。如果大客户要求的折扣越过了利润的底线，那么公司就要果断放弃这笔订单。一旦审批制度建立，公司必须按相应的标准执行，坚决不予放行。

由于工作的关系，近年来我接触了大量规模不等的企业，才发现大部分中小企业根本没有成立市场部。虽然上市公司和行业头部企业成立了市场部，但其相应职能也发育不健全。市场部职能的缺失让许多企业付出了沉重的代价：一方面，企业没有针对大客户做精准调研，导致老板和营销部管理者不了解客户，不了解竞争对手，甚至不了解自己，只能凭感觉做决策，从而浪费了企业大量的资源；另一方面，市场部没有委派专人负责大客户的产品研发，导致企业的产品很难匹配大客户的需求。即便销售部费了九牛二虎之力开发大客户，也因为产品无法创造差异化价值，所以大客户迟迟开发不成功，销售部白白做了无用功。

我对企业的建议是成立市场部或安排专人负责大客户。如果公司大、人手足，就成立市场部；如果公司小、人手不足，最起码也要从销售部挑选一名优秀的员工，专门负责市场调研的相关工作。市场部奠定了销售部未来的发展方向，如果锁城不精准，那么后续的攻城就无从谈起。

销售部：双轨制＋正奇合

双轨制：职能线+业务线

明确了市场部的职能，接下来企业要发力的是销售部的架构调整。销售部应该如何调整架构以支撑大客户战略的落地呢？这是许多企业最容易犯错误的地方。

根据我在一线的调研，销售部只有业务线，没有职能线，是许多年营收规模小于5亿元的中小企业的一个典型特征。

为什么这些企业都做不大呢？这是因为总部没有职能线，也就是说，没有统一的标准，每条业务线都各自为政。如果总部没有确立统一的标准，各分公司各有一套标准，你做你的，我做我的，那么最后执行的结果可想而知：业务线的领导执行力强，业绩就不错；业务线的领导能力弱，业绩就不行。因此，销售部不能只关注业务线，而忽略了职能线的建设。

同样，企业应该分两条线对大客户销售团队进行管理：一条是业务线，由各大区、各分公司或各门店负责销售特种兵团队的业务管理；另一条是职能线，由总部负责销售特种兵团队的职能管理。

这两条线应该如何设置呢？各分公司或各门店的区域特种兵，由分公司总经理或店长对其进行业务管理，而职能管理则全部交由总部职能线负责。如果公司总部还设有战略特种兵团队，那么这个团队就直接交由总部的大客户总监管理。无论如何，大客户销售团队的职能管理都应该交由总部负责。

具体来说，总部职能线的主要职能有四个方面。

- **制订大客户项目方案以及行业解决方案等。**在服务企业的过程中，我发现很多企业的大客户项目方案或行业解决方案都是由各分公司自行制订的，但实际上，这些方案应该由总部职能线统一制订。
- **制定与大客户相关的机制，出台大客户政策。**比如对内的销售特种兵团队激励机制、对外的大客户激励机制等，这些机制都应由总部职能线联合其他相关部门来制定，再交由各分公司统一执行。
- **负责大客户的报备管理、过程监控等。**这些都应该交由总部职能线统一管理。
- **负责销售特种兵团队的销售培训。**这应当由总部职能线联合人力资源部设计培训方案并执行。

正奇合：基础销售+销售特种兵

我所提倡的业务线组织架构与传统模式有哪些不同呢？过去每个业务员都可以自由地开发大客户，但现在我提倡分兵战法——对销售人员进行分层管理。

《孙子兵法》云："凡战者，以正合，以奇胜。"这句话的意思是，兵要分为正兵和奇兵两路，先派出去的是正兵，后派出去的是奇兵。一旦发现胜机，将军就要把奇兵派出去，这就是出奇制胜。当然，战争中面对的是同一群敌人，因此，正兵和奇兵是可以相互转化的。而现实中，企业面对的是不同的客户群体，因此，企业可以将奇兵和正兵所服务的客户群体固定下来。

类比到企业经营中，企业可以将业务线分为两支队伍。一支队伍是基础团队，主要负责开发中小客户。这支队伍通常按照区域划分，队员不得跨区域开发客户，这是企业的销售正兵。另一支队伍是销售特种兵团队，这支队伍相当于许多企业的大客户部。

如果企业规模比较大，这支销售特种兵队伍就可以再细分为区域特种兵和战略特种兵：区域特种兵专注于开发某个区域的大客户，而战略特种兵则专注于开发全国甚至全球的战略级大客户。这两支队伍就是企业的销售奇兵。

这种架构的灵感源于哪儿呢？它源于我的一段职业经历。

2003年，我从职业生涯中的第一家企业离开，以项目经理的身份加入宅急送。这个项目经理并非技术团队的项目经理，而是销售团队的项目经理。彼时，宅急送的销售部门已经分成了两支团队：一支是基础销售团队，主要服务的是普通中小客户；另一支是项目销售团队，专门负责开发大客户。不过，由于我当时所在的区域大客户还不太多，项目团队比较羸弱。

鉴于此前的工作背景，在进入宅急送后，我就被派往杭州分公司负责市场管理。当时宅急送的规模已经很大，仅杭州分公司的团队规模就达到一两百人。后来，公司又将我调往上海分公司负责该区域的销售团队，随后又让我负责整个华东市场。

在调任的过程中，我发现宅急送分兵作战的打法非常科学，它解决了我早期做管理时的一大痛点：新员工随意开发大客户，很容易失败。新员工能级与大客户的要求不匹配，一旦他们给大客户留下了糟糕的第一印象，后期修正的成本就非常高。企业即使再派一流的营销人员补救，也很难再赢得大客户的信任。而分层管理就可以有效地避免这一痛点，让专业的人来服务重要的大客户，使得资源配置的效率更高。

想通了这个道理后，我开始在华东地区推广这一做法。当时，上海分公司一共有50名销售人员，我将他们分为两支队伍。

40名基础销售人员相当于普通士兵，专门服务中小客户。这40名基础销售人员组成5支小队，分别负责沪北、沪南、沪西、沪东、沪中5个片区。基础销售人员只能开发本区域的中小客户，不得开发大客户，也不能跨区域开发。这是因为跨区域开发的成本高，给客户带来的体验也差，并且不便于企业进行客户管理。而今天市场上仍然随处可见类似的乱象：北京分公司的销售人员开发上海客户，上海分公司的销售人员开发天津客户，天津分公司的销售人员开发广州客户，广州分公司的销售人员却跑去开发西藏客户……

另外10名项目销售人员相当于销售特种兵，专门开发大客户。彼时，华东地区的大客户主要集中在服装行业、金融行业、电子行业等五个行业，为此，我专门成立了五个行业项目组，每个项目组设置了两名项目经理，专门负责开发行业大客户。

针对大客户，宅急送还专门建立了科学的报备管理制度。公司明文规定：基础销售人员在开发的过程中发现了大客户，需要立即报备给公司，再由公司指派项目经理开发大客户，由项目经理充当项目的主负责人。

这里就产生了一个小问题：如果基础销售人员不愿意将自己发现的大客户报备给公司，怎么办呢？这就需要公司设计一套激励机制。公司可以提前约定好发现者和开发者的分成比例。假设某个大客户是由基础销售人员A发现的，但后续交给项目经理B来开发。一旦开发成功，基础销售人员A拿30%的提成，项目经理B拿70%的提成。

当然，为了培养基础销售人员的开发能力，同时激励他上交大客户名单，公司也要允许基础销售人员参与大客户开发，但要明确角色定位：项目经理要冲到前面，充当主负责人，基础销售人员只是一个辅助性的角色。

由于分兵作战模式在华东地区取得非常不错的成绩，北京总部也借鉴了华东地区的思路，在总部增设了一个新的层级——战略特种兵，专门用于开发全国甚至全球范围内招投标的超级大客户，比如玫琳凯、强生制药、熊猫电子等。这些超级大客户会在全国多个城市同时启动招投标。针对类似的客户，宅急送不可能让每个区域的分公司单独去谈判。这时，总部就组建了一支战略特种兵团队，让每个战略特种兵负责一个行业。

例如，熊猫电子就交给电子行业的战略特种兵，由其负责统筹和牵头谈判。在洽谈上海地区业务时，由战略特种兵带领上海分公司的项目经理去谈判；同样，在洽谈广州地区业务时，也由战略特种兵带领广州分公司的项目经理去谈判。这种模式被称为“总对分，结对子”。实际上，这种方式不仅仅存在于宅急送，顺丰和泰康等优秀企业都遵循同样的逻辑来发展业务。

至此，宅急送的销售团队就被分成了三个层级。

- **第一层是分公司的基础销售团队。**以上海分公司为例，基础销售团队只能服务上海区域的中小客户，遇到大客户必须向公司报备，不得随意开发。每支基础销售团队的编制为6~8人，因为这是一个人直接管理的最佳人数，超过10人管理起来会比较吃力。
- **第二层是分公司的项目销售团队，绑定具体行业或产品。**比如，宅急送在服装行业设置两个项目经理，专门用于开发该区域市场内的服装行业客户。项目销售人员绝对不能开发中小客户，即便开发成功，也不得计提销售提成。而即便成功开发了大客户，也必须达到一定金额门槛，他才能计提销售提成。
- **第三层是总部的项目销售团队。**这专门用于开发难度大的全国甚至全球范围内的招投标客户。

如此一来，宅急送自然就形成了业务线的三级晋升阶梯：基础销售人员（业务员）→区域特种兵→战略特种兵。接下来，宅急送只需要在每个层级设定相应的晋升标准，就可以打通整条业务线的专业晋升通道，为战略特种兵团队源源不断地输送高质量人才。

当然，企业要想做好大客户战略，在培养精兵强将的同时，还必须遵循兵力原则。拿破仑说过一句话："上帝站在兵力多的一方。"《战争论》的作者克劳塞维茨（Clausewitz）也发表过类似的言论："兵力原则是基本原则，这个原则不论在什么地方都应该首先和尽量争取，即在决定性的地点把尽可能多的军队投入战斗。"在《孙子兵法》中，孙子所推崇的兵力原则不是以少胜多，而是以多胜少。企业要想有绝对的胜算，就必须拥有数倍于竞争对手的兵力，形成压倒性优势。

真正的增长是靠兵力拉动的，企业要想获得10倍级的增长，就必须要投入10倍级的兵力。《孙子兵法》云："故用兵之法，十则围之，五则攻之，倍则分之，敌则能战之，少则能逃之，不若则能避之。"兵力就是企业的火力，企业能增长多少业绩，完全取决于企业的兵力。因此，企业在培养精兵强将的同时，应尽可能地投入更多的精兵，将重兵压在大客户身上，将企业最宝贵的资源用在对的人身上！

客服部：项目制管理

市场部锁城，销售部攻城，客服部守城。企业应该明白一个道理：攻城不易，守城更难。因为攻城仅为一时，守城则需长久。

10多年来，我接触了数以万计的企业，遗憾地发现99%的企业都有一种倾向：重攻城而轻守城。很多企业甚至将攻城和守城的职能合二为一，即销售人员既负责攻城，又负责守城。

这会给企业埋下哪些隐患呢？

一方面，它会导致大客户容易流失。如果企业把大客户的开发和维护都交给一个人负责，长此以往，客户难免会与销售特种兵建立良好的私人关系。这是因为在客户看来，所有的问题都是由销售特种兵解决的。这种单点的关系非常脆弱，一旦销售特种兵离职，大客户就很容易被销售特种兵带走，而这也是许多老板心中难以名状的痛。只有将大客户与客服部以及不同层级管理者绑定，企业才能将单点的私人关系变成多点的组织关系。

另一方面，它会导致销售资源的浪费。企业培养一名销售特种兵需要耗费大量成本，这就意味着销售特种兵是企业宝贵的资源。然而，我在企业中经常会看到一种现象：许多老销售靠着老客户坐吃山空，把时间都花在服务老客户上。长此以往，销售人员身上最宝贵的狼性精神消失了，开发大客户的技能也退化了。相反，企业如果让销售特种兵将所有时间与精力都放在开发大客户上，将后续的服务工作交给专业的客服人员，就可以大大提高他们开发大客户的效率。

那么，客服体系应该如何搭建呢？借鉴销售团队分兵作战的思路，企业可以将客服团队兵分两路：基础客服管理中小客户，项目制客服则专门管理大客户。针对大客户，客服部主要承担两大职责：一是客服管理，二是项目维护。

客服管理

顾名思义，客服部就是对现有客户进行管理并提供服务的部门。具体来说，客服部需要对客户做哪些方面的管理呢？我认为，客服部重点需做好以下五件事。

客户分层分类管理

企业的资源是有限的，那么有限的资源应该投向哪些客户呢？企业必须要做出取舍，将资源往贡献大的客户那边倾斜。

如何衡量客户贡献的大小呢？企业可以从收入、利润、诚信度、人均效能和难易度五个维度对客户贡献进行量化评估。至于具体的分类方法，我会在下一章细述。

在完成客户分层分类后，企业就可以根据客户级别对其进行分级管理，包括匹配相应的销售人员、产品资源、客服人员和服务标准等。

客户档案管理

企业要为大客户建立详细的档案，如果这个基础动作做不到位，那么后续工作就难以开展。日本战略之父大前研一在《差异化经营》一书中分享过一个小故事。

一个经营了30年的日本超市的销售额下降，大前研一问其经营者："曾经有那么多顾客光临，你现在就不能想点什么办法吗？比如发送直邮广告。"

对方的回答非常可悲："我们没有顾客名单。"

他再问："经营了30年都没有掌握消费群，都没有顾客名单吗？"

对方点头说道："嗯，顾客差不多都是附近一带的人吧！"

大前研一感慨道：这家企业在对顾客姓名、消费习惯以及心理特征一无所知的状态下，将经营维持到了今天，真是幸运啊……不了解消费者，企业就做不好经营。对于经营而言，最重要的是与消费者之间的双向对话，因此，企业必须通过建立数据库或者其他方式与消费者建立联系。

很多企业经营了几十年，却只保留了一份简单的客户名单，根本没有建立完整的客户档案。真正有效的客户档案应该清晰地记录着客户的一般需求、个性化需求和隐性需求。

丽思卡尔顿酒店是一家以客户服务闻名全球的度假酒店。据说，在刚开始推出创新客户服务时，酒店定下的目标是要了解客户的5个喜好，并至少满足其中3个。因此，所有服务人员都会从客户入住的细节中，捕捉客户的个性化需求。等到客户下一次入住时，从客房服务人员到清洁人员都会按照客户的喜好提前布置房间。由此可见，这家酒店成功的秘诀在于及时捕捉用户需求，并将其整理纳入客户档案。

客户档案是了解客户需求的第一手资料，是企业的重要资产。一份优秀的客户档案可以客观、翔实、完整地记录和跟踪客户需求变化的整个过程。尤其是在持续服务大客户的过程中，随着与客户关系的加深，企业对客户需求的理解也会更深入，进而挖掘出越来越多的个性化需求和隐性需求。因此，客户档案可以反向指导市场部，用于研发更加匹配客户需求的产品和服务。

完整的客户档案还可以追溯和复用，以便销售人员以及管理者及时地跟踪和了解客户需求。在销售人员离职的情况下，接替者也能够通过档案及时地了解客户的需求。同样，管理者也可以将客户档案作为管理的抓手，用于辅助销售人员开发客户，并确保其以正确的方式做正确的事，从而使开发工作更高效。

从CRM系统升级到大数据管理系统

20世纪90年代初，西方企业开始重视客户关系管理，CRM（客户关系管理）系统随之普及全世界，中国也不例外。但是，在辅导企业的过程中，我发现许多企业将CRM系统交由销售部或信息部管理。实际上，客服部才是负责客户管理关系的部门。

在后续的章节中，我会提到客服部必须每月提交一份客服月报，而客服月报的内容就源于对CRM系统中客户信息的分析。企业通过分析大客户成交数据的变化，及时跟踪大客户的动向，了解大客户的需求变化，并及时采取相应的对策。

随着互联网和大数据的普及，越来越多的企业将传统的CRM系统升级为大数据管理系统。因此，客服部也应该利用大数据管理系统，收集相应的客户信息，并对大客户进行数据分析和管理。

这两个系统的本质区别在哪里呢？

过去的CRM系统只能收集并记录客户的姓名、年龄、电话、地址等背景信息，再加上极少量的行为信息，比如购买产品的时间、复购次数等。而现在企业可以用大数据管理系统收集、记录并存储客户的全生命周期行为信息，包括客户的广告浏览以及购买、复购、推荐、拉新等行为信息。时至今日，市场上已经涌现了许多家收集客户行为数据的专业公司，企业可以充分利用这些资源，让大数据帮助自己更深度地了解客户的动向，以便销售人员精准定位。

客户维护分析管理

作为营销部的负责人，我每个月最关注的两份报告是市场月报和客服月报。市场月报呈现的是行业、客户、竞争对手以及自己的变化情况，而客服月报则是复盘过去一个月里所有重点客户的变化情况，是企业对客户进行维护、分析、管理的结果。

在客服月报中，客服部需要完整地呈现：在过去的一个月内，哪些客户的销售收入在上升，哪些客户的销售收入在下降，哪些客户出现了异动？……企业通过监控大客户的变化趋势，及时地指导销售部和市场部开展工作。尤其是对于销售业绩下滑的客户，市场部需要评估现有的产品和服务能否满足他们的需求。如果确实是产品跟不上顾客需求，那么市场部需要及时地根据客户的新需求，研发出新的产品和服务。

当年在服务一家大型汽车主机厂时，根据客服部提交的维护报告，我发现在某一阶段，这家汽车企业的销售收入连续几个月呈下滑态势，于是我迅速召集所有相关部门开会研究对策。经过研究分析，我发现这家企业的需求变了，而公司现有的服务已经无法满足它的需求，于是这家企业把一部分业务交给了能够满足它需求的竞争对手。在客服部提出预警以后，市场部专门为这家企业开发了包括代签回单等几项增值服务，最后才顺利地把客户拉回来。

客户之所以流失，一定是因为企业为他创造的价值不够，企业提供的产品与他的需求不匹配。这时，企业需要重新探寻客户的需求，洞察需求变化的动因，开发一些新的产品或增值服务，把客户重新“赢”回来，从而开发出一条新的大客户全生命周期曲线。

客服相关流程制度管理

要想对客服人员进行日常管理，客服部还要完善相关流程制度。例如，如何设计客户的回访制度？如何应对客户的投诉和理赔？……这些与客服相关的流程制度，都必须被梳理为标准化的流程制度。客服部要设计出一套统一的规则，让所有客服人员都有一条可参考的标准路径，这些都是管理的基本动作。如果这些基本动作做不到位，企业的管理效率就会变得低下。

项目维护

客服部的第二个岗位职责是项目维护。

在销售特种兵成功将大客户开发出来以后，自双方签订合同的那一刻起，项目客服人员就要介入。企业要向大客户传递一个明确的信号：为了后续更好地服务您，企业专门组建了一支项目客服团队竭诚为您服务，未来的日常查询、投诉、理赔、维护等事宜都由项目客服人员和您对接。

经常有一些企业家和高管问我：“在将大客户转交给客服部后，销售特种兵还需要为大客户提供服务吗？”我的回复是：当然需要！这位大客户仍然是销售特种兵的客户，未来这位大客户与企业签单也需要销售特种兵完成，只是销售特种兵所花费的时间和精力可以大大减少。假设过去他每周拜访4次大客户，现在他每周只需要拜访1次，因为后续查询、投诉、理赔、仲裁等琐事都可以交给客服部来处理。如此一来，销售人员可以将省下来的时间、精力投向新客户开发。

相反，如果企业没有设置专门的项目客服团队，那么在销售特种兵签单后，后续所有的杂事都需要销售特种兵亲自处理。长此以往，销售特种兵的大部分时间都用于处理各种杂事，根本没有时间去开发新客户，这就违背了销售攻城的定位。此外，如果公司的销售提成制度设计不科学，只考核总业绩，而不考核开发新客户的业绩，那么，这很容易让销售特种兵将更多的时间、精力投向老客户，最后坐吃山空。而销售特种兵一旦野心膨胀，某天与企业产生矛盾，就能轻易将客户带走。这个痛点在今天的中国企业中比比皆是。

换言之，企业将销售部和客服部混合在一起，产生的弊端显而易见：一是销售人员的时间被浪费在客户服务上，没有时间去开发新的大客户；二是销售人员服务不专业，毕竟客户开发和客户维护是两件事情，需要的能力不同；三是让销售人员长期单独服务客户，对公司来说风险巨大。因此，越是重要的大客户，公司越是要建立项目服务团队。公司至少要保证有两三个人参与大客户的服务，不要让销售人员一个人单独对接大客户，这是管理的大忌。

在辅导企业开发大客户的过程中，我经常会告诫企业家和高管：企业要想批量化地开发大客户，一定不能靠“英雄级”的销售员，不能靠单一的销售部，而要对整个营销体系进行分工和重组，由营销三大部门联合作战，共同实现对大客户的锁定、开发、管理及维护。市场部进行售前市场调研，为后续的大客户开发确定方向。与此同时，市场部还要研发出匹配大客户需求的产品组合以及增值服务。销售部也要同步建立职能管理线和业务线，且业务线要分兵作战、正奇结合。客服部则负责维护和管理好大客户，将其做大、做深、做透。从锁定大客户、攻下大客户到留住大客户，企业要让整个大客户开发管理流程实现闭环。

第四章

高挑选：大客户开发的“金三角”

上一章我说的是优化营销部的组织架构，将大客户战略目标拆分给三大部门。而企业接下来面对的挑战是：三大部门要完成各自的目标，需要匹配哪些资源呢？其中关键的三种资源是员工、客户和产品，它们被我称为大客户开发的“金三角”。本质上，企业需要解决的是三大核心资源的配置问题。

- 谁负责开发大客户？企业必须选拔最优秀的员工，这是员工画像的问题。
- 企业要锁定哪些大客户进行开发？这是客户画像的问题。
- 大客户究竟要购买什么样的产品或服务？公司究竟在向大客户销售什么？这是产品画像的问题。

如果这三个问题答错了，那么这家企业的大客户战略是不可能落地的。因为这意味着这家企业的核心资源布局出了问题。这种情况在现实中并不少见。许多企业的资源配置都是低效甚至无效的。如前所述，很多企业会让新员工去开发大客户，让销售高手去开发小客户，这些都是典型的资源错配现象。

事实上，一家企业的大客户战略目标最终能否达成，往往取决于企业家和营销一把手配置这三类资源的能力。而要配置好这三类资源，关键是要精准锁定这三类资源的画像。所谓画像，就是企业从成功案例中提炼出的一种共性特征。企业只有精准锁定大客户画像、销售特种兵画像和产品画像，才能真正落地大客户战略。

选锋：销售特种兵的画像与特征

对于任何一家企业而言，员工的能级水平都是不一致的。企业如果将所有员工按照能级从高到低进行排序，最终就可以得到一个人才金字塔，而塔尖上的销售精英永远只是少数。如何才能放大这群销售精英的价值，提高这群销售精英的生产力呢？这对于企业而言是一个难题。

从历史的角度来看，无论君王水平如何，他手下都是不缺人才的。真正决定一个君王高度的，从来不是手底下人才的数量和质量，而是他用人的水平。本质上，这就是一个人才资源的布局问题——如何有效地将不同能级的人才区分，并让一小部分高能级的销售精英创造出最大的价值？

要落地大客户战略，企业首先要对服务大客户的人才进行分类和安排：A级员工服务A级客户，B级员工服务B级客户，C级员工服务C级客户……同理，不同级别的客户还应对应不同级别的产品画像、服务标准等，以便企业进行标准化分层管理。企业如果了解《孙子兵法》中所说的用人之道，就会知道这是“选锋”的逻辑。

《孙子兵法》云：“将不能料敌，以少合众，以弱击强，兵无选锋，曰北。”这句话的意思是：将领不能正确地分析判断敌情，用很少的兵力与敌人众多的兵力作战，用弱势兵力来抗击强势的敌人，也没有挑选精锐的士兵，这种情况叫作败北。打仗的时候，将领把最精锐的士兵选出来，放到一起，形成像刀锋一样的力量，这就叫作选锋。古人几千年前就明白：士卒参差不齐，不能混在一起，否则勇士得不到重视，没有荣誉感，也没有战斗欲，而弱小的士兵躲在强者后面，出而不战，这注定要失败。因此，将领带团队一定要选锋，只有将最精锐的士兵放在一起，才能激发出战斗力。

类比到经营中，企业要攻下大客户，选锋才是取胜的关键。在上一章，我提到将销售部一分为二甚至一分为三，将销售特种兵从整个销售队伍中选出来，这就是选锋。那么，如何设计销售特种兵的画像呢？根据20多年的实践经验，我将销售特种兵画像概括为“高专才”。

高代表高度

销售特种兵必须有信仰、有使命。他们有没有建立用户主义的信仰？有没有为用户创造终身价值的使命感？是否高度认同公司的使命、愿景和价值观，与公司文化与经营理念高度契合？

菲利普·科特勒（Philip Kotler）在《营销管理》中提到，一项研究表明，最好的销售人员会受到强大使命感的驱动："怀有崇高目标进行销售的销售人员，热切希望为顾客创造利益。他们的业绩总是远远超过那些仅仅关注销售目标和金钱的销售人员。"这与美国行为科学家赫茨伯格（Herzberg）的研究心得不谋而合，后者的观点是：人生的强大动力并不是源自金钱，而是源于获得学习的机会，在责任中成长，能够为他人做贡献，以及拥有获得他人认可的成就。

我深以为然，回顾20多年的职业生涯，我发现真正优秀的销售特种兵一定是有利他心的，并且对销售这份职业饱含敬畏感和使命感。他们发自内心地热爱这份职业，而不仅仅将其当作谋生的手段。因为热爱，所以敬畏；因为热爱，所以付出。

我曾经也带过一些能力很强但价值观有缺陷的下属，其中有一位下属在西北分公司的业绩名列前茅，公司老板想提拔此人担任销售特种兵，而我坚决不同意。这是因为我发现此人不仅虚报业绩，还敢吃客户的回扣。这样的人即使业绩再好，也不能担任重要岗位。销售人员是公司的"门面"，如果德不配位，就很容易为了自己的短期利益，而损害大客户和公司的利益。因此，企业一定要把好这一关，对于那些为了拉单子而不择手段欺骗客户，并且在拜访的过程中有谎报等不诚信行为的人，坚决不允许其出现在销售特种兵队伍中。

专代表专业

什么是真正专业的销售人员？专业的销售人员不会一味地迎合客户，而是能够成为客户的"110"。当客户遇到麻烦时，客户愿意无条件地相信他，并第一时间向他求助，而他也总能及时解决客户的困扰。因此，专业意味着身份的转换：他不再是销售人员，而是客户的顾问，能够时刻站在客户的角度为客户出主意，为客户解决问题。

许多销售高手在与客户建立了信任关系后，客户甚至会向他们请教：明年应该报什么项目？这个项目要多少钱？这笔钱应该怎么花？后续该如何推进？事实上，在与客户交流的过程中，他们就已经提前完成了销售工作。

因此，顶尖的销售人员不仅能满足客户需求，成为顾客问题的解决者，还能从顾客的角度看问题，能够设身处地地为客户着想，走在客户的前面，引领客户的需求。

才代表才能

经常有人问我：普通销售人员和顶尖销售人员有什么区别？事实上，二者的区别是多方面的。

- **普通销售人员是产品思维，卖的是产品；顶尖销售人员是方案思维，卖的是方案。**

例如，普通销售人员卖的可能是一份体检产品，而顶尖销售人员会立志成为客户的终身健康顾问，会始终站在客户全生命周期的角度，在客户人生的每一个关键阶段为其提供不同的健康方案。

- **普通销售人员是价格思维，顶尖销售人员是价值思维。**

正因为普通销售人员卖的是产品，所以客户和他讨论的是价格；而顶尖销售人员卖的是方案，客户和他讨论的就是价值。

- **普通销售人员是短期思维，顶尖销售人员是长期思维。**

造成这种思维差异的根源是格局的大小。普通销售人员格局小，他只能看到前方1米，这就导致他急功近利，还没付出就想着结果；而顶尖销售人员是长期思维，他能看到前方100米，因此他明白只有先为客户创造价值，后面才有更大的回报。

- **普通销售人员是利己思维，顶尖销售人员是利他思维。**

不能成人，就不能成己，这是商业的基本规律。企业要先想到给客户创造价值，才有活下去的可能。普通销售人员关注的只是产品，容易站在自我的角度思考问题。但是，一个心里只有自己的人很难成功。而顶尖销售人员关注的是客户到底要买什么，他的思维方式是站在对方的角度思考问题。顶尖销售人员知道合作要着眼于长远，不能只算自己的小账，而不考虑合作者的利益。用墨子的话说："夫爱人者，人必从而爱之；利人者，人必从而利之；恶人者，人必从而恶之；害人者，人必从而害之。"哲学家冯友兰对它的解释是：爱别人就是一种个人保险或投资，它是会得到偿还的。可是绝大多数人都很近视，看不出这种投资的长期价值。

- **普通销售人员是推销思维，顶尖销售人员是顾问思维。**

普通销售人员是推销思维，以自己的产品为出发点，以把产品卖给客户为目的；而顶尖销售人员则是顾问思维，以客户的问题为出发点，以解决问题并提供相应的高价值服务为目的。

- **普通销售人员是散打思维，顶尖销售人员是聚焦思维。**

普通销售人员散打乱打，逮到哪个客户就开发哪个客户；而顶尖销售人员懂得聚焦，会精准锁定大客户，有的放矢，而不是乱箭齐发。

- **普通销售人员关注技法，顶尖销售人员更关注心法。**

普通销售人员更关注销售技法，而顶尖销售人员不仅磨炼技法，还关注心法，因为他知道心法不开，技法无效。

- **普通销售人员与客户不同频，顶尖销售人员懂得与客户同频共振。**

普通销售人员与客户不同频，无法真正地与客户进行平等对话；而顶尖销售人员与客户同频，会建立与客户对等的谈话频道。真正厉害的高手不会让客户感觉到是在和他谈生意，而会让客户感觉到是在与他交朋友。如果这个销售人员能够顺利打入客户的圈子，那么这个圈子就会给他带来大量的转介绍订单。

- **普通销售人员是点状思维，顶尖销售人员是面和体的思维。**

普通销售人员是点状思维，卖的是产品本身，而顶尖销售人员是面和体的思维，绝不只是在简简单单地卖产品，而是卖一种生活方式、一种消费习惯和一种价值理念。因此，后者会从产品延伸开来，关注和研究客户的生活方式和消费习惯，以及客户的生活圈和朋友圈，甚至从销售的前端一直延伸到中后端，关注客户使用公司产品后的感受，关注客户在不同阶段使用公司产品的感受。

表4-1是普通销售人员与顶尖销售人员的差异分析。

表4-1　普通销售人员与顶尖销售人员的差异分析表

普通销售人员	顶尖销售人员或销售特种兵
产品思维	方案思维
价格思维	价值思维
短期思维	长期思维
利己思维	利他思维
推销思维	顾问思维
散打思维	聚焦思维
关注技法	关注心法和技法
与客户不同频	与客户同频
点状思维	面和体的思维

因此，二者对于销售的认知不同，这决定了他们的思维方式和行为方式也截然不同。

销售特种兵就好比美国的三角洲特种部队，必须以一当十甚至以一当百，这就代表企业要对他们的才能提出更高的要求：既要考查销售特种兵的心法，也要考查销售特种兵的技法，因为二者是相辅相成的，心法不开，技法无效。

什么叫心法？心法就是销售特种兵必须有强烈的攻坚克难的精神，无论环境多么恶劣，也要随时随地处于战斗状态，并保持一颗服务客户的赤子之心。尤其在当下疫情肆虐的逆境中，销售人员更不能为疫情所左右。我特别赞同一句话：比疫情更可怕的是有了疫情的心态。很多人把所有的不努力、不用心、不成功都归咎于疫情，这不是销售特种兵应该有的心态。实际上，物理上的阻隔，恰恰可以成为销售人员拉近与客户心理距离的最好时机。

过去，许多大客户开发都是通过线下动作来完成的。在疫情袭来后，这种方式就行不通了。因为销售人员无法出差拜访客户，客户也不便会客。这时，难道销售人员只能选择“躺平”吗？销售高手不仅不会“躺平”，还会将这次危机转化为抢占客户心智领地的契机。他们思考的问题是：既然线下销售有困难，那么我可以在线上为客户做些什么呢？

许多销售高手都会及时关注疫情下客户的处境：客户目前处于封控区吗？现在面临哪些困难？是否缺少物资？缺少哪些物资？……他们会对客户嘘寒问暖，并根据历史记录精准分析大客户的个性化需求。销售人员对客户的个性化需求了解得越细致，与客户建立的关系就越有效。假设销售人员了解到某位大客户爱喝什么茶、吃什么水果，此时商场、超市、菜市场的茶叶和蔬菜瓜果都卖光了，而他能想办法给客户寄送一些爱吃的水果和茶叶。待客户收到后，再发个消息慰问一下，这时客户会不会有一种超越预期的惊喜感呢？我相信一定会！

任何一次危机中都潜藏着弯道超车机会，关键就在于：销售人员有没有积极的心态？能不能在危机中发现机会？能不能将危机转化为建立客户关系的契机？

如何才能做到这一点呢？销售特种兵一定要修习“五常心法”：

一是常自律，抵制诱惑，管好自己；二是常思考，懂得理性分析，感性行动；三是常沟通，对内对外，取长补短；四是常总结，反省改进，学无止境；五是常分享，教会别人，提升自己。

有了心法，销售特种兵还要掌握技法。销售特种兵的技法主要体现在三个方面：一是销售知识，销售特种兵面对的是大客户，一定要有充足的知识储备，对公司的产品方案要了如指掌；二是销售技能，这就要求公司做好知识管理，编制项目真经，强化培训和通关，持续不断地磨炼和提升销售特种兵的销售技能；三是眼界，销售特种兵要提升自己的眼界，建立与大客户对等的谈话频道。销售人员要想融入客户的圈子，捷径就是与客户拥有共同的兴趣和话题。

我个人有八大爱好，其中大部分爱好都是在过去开发大客户的过程中培养起来的。回想大学毕业时，我只痴迷于读书，没有其他爱好。刚走上销售这条路时，我花了3个月时间却没有开发下来第一个客户，至今我还记得这位客户的名字，他是江西某个城市的摩托车大经销商。

当一条路走不通的时候，我只能尝试走另外一条路。费了不少心思，我终于打听到这位客户有两个孩子，一个上高中，一个上初中，但是这两个孩子的数学成绩都不太好。于是，我心生一计，毛遂自荐为这两个孩子辅导数学。两周后，他们的数学成绩明显提高了。他们也为我向他们的爸爸说情："陈叔叔挺好的，你能不能帮帮他？"出于孩子的情面，这位大客户终于同意我提供几辆摩托车给他试销。这笔单子成交后，我并没有就此离开，而是留在现场帮他把摩托车卖掉。

为什么我要帮他卖车呢？原因有三：一是我要向他证明我们的摩托车非常好卖；二是我要帮他把店里的销售人员培养起来，教会他们怎么卖我们的摩托车；三是我要验证我们的摩托车品质是否过硬，是否有客户上门要求售后维修。

事实证明，我们的摩托车非常好卖，也没有任何售后问题。同时，他店里的销售人员也被培养起来了。这让客户非常高兴，他很快又追加了两大卡车的货。就这样，这位客户成为我职业生涯中的第一个大客户。

随着我们关系的深入，他又为我介绍了7个当地最大的摩托车经销商。但是，要想成功开发这些经销商客户，我不能故技重施，毕竟每个客户的实际情况都不同。于是，我开始研究这7个人的兴趣爱好。其中有一位客户特别喜欢历史，为了融入他的圈子，对历史毫无兴趣的我开始恶补历史，而这一补就是20多年，现在历史已经成为我最大的爱好。有一位客户特别爱喝茶，我就把中国的绿茶、红茶、黑茶、白茶等研究个遍；有个客户喜欢音乐，为此我甚至专门学习了几种乐器……虽然今天我已不在销售一线，但这种思维方式已经融入我的骨血。我辅导的企业家有不少酷爱跑马拉松，为了融入他们的圈子，我从2021年开始跑马拉松，现在已经能轻松地跑完全程马拉松。

这些都是为了建立与客户对等的谈话频道而付出的努力，而建立对等谈话频道的最好方法，就是与客户拥有共同的话题和兴趣。正因为我认认真真地去培养这些爱好，所以最终受益的是我自己，并且它们都成为我真正的爱好。

以上就是我对销售特种兵的“高专才”要求。每一家企业都可以根据上面的原则设计出自己的销售特种兵画像。

如何验证销售特种兵画像的准确性呢？企业在组建销售特种兵队伍时，不要一次性组建完，可以进行两三次实战，筛选出合格的销售特种兵。以我的经验来看，所有销售特种兵都具有一个普遍特征——高效能。

高效能

高业绩

假设企业一开始要求每个销售特种兵的月业绩在30万元以上，月业绩低于20万元的会被淘汰，那么经过反复培训和通关，下一次企业对销售特种兵的业绩要求可以提高到每月50万元，低于30万元的被淘汰。通过这种方式，企业就可以逐渐筛选出能创造高业绩的销售特种兵。

高利润

在现实经营中，许多销售人员的高业绩是以牺牲公司利润为代价的，他们喜欢通过降价的方式来争取大客户，但真正的销售高手卖的是产品的价值，而不是价格。

从财务的角度来看，收入只是过程指标，利润才是结果指标。销售人员只有在保证高利润的前提下完成高业绩，才能体现出真正水平。因此，如果某个销售人员的成交金额很高，但成交的订单总是低利润，那么他不能算是一名合格的销售特种兵。

高收入

企业的销售特种兵是企业中的高收入群体吗？一流的人才必须匹配一流的薪酬水平。经常有人告诉我，他们公司要成为行业第一。然而，当我反问他们“你们公司的薪酬是行业第一吗”，他们就哑口无言了。事实上，企业如果没有一流的薪酬水平，自然就无法吸引一流的人才。企业没有一流的人才，又怎么可能成为一流的企业呢？因此，如果企业的销售特种兵收入不高，那么企业就要重新检视自己的销售特种兵画像了。

高压力

销售特种兵的高压力来自两个方面：一是高业绩的压力，二是抵御各种诱惑的压力。

高业绩、高利润和高收入必然伴随着高压力。就像军队中的特种兵与普通士兵，特种兵所受的训练、执行任务的难度，是普通士兵未曾体验过的。此外，销售特种兵还要拒绝诱惑，学会放弃小客户。作为销售特种兵，他们不能羡慕普通销售每天源源不断的小单，而要一心一意地服务好大客户。过去在宅急送和顺丰工作时，我就不允许销售特种兵开发小客户。即便小客户开发成功，公司也不会给销售特种兵计算提成。

我服务过的一家企业的主营业务是高端体检，其营销团队规模达四五百人，年营收大约为10亿元。由于该公司的目标为高端客户，因此它将培养销售特种兵作为公司的重大发展战略，并计划于2022年组建一支100人的销售特种兵团队，专攻大客户。

如何才能组建好一支100人的销售特种兵团队呢？公司计划分

3~4次招募完成，并在每次集训及实战后启动淘汰机制。

第一次开放报名后，公司会根据销售特种兵画像筛选出48位销售特种兵。所有入选的销售特种兵都要参加为期两天的集训。在集训之前，公司举办了一个销售特种兵启动仪式。集训结束后，公司与每位销售特种兵确认了当月的大客户销售目标，并绘制出个人的作战地图。

经过一个月的实战，公司进行第一次淘汰。第一次试运行时，公司设置了两条线：一条是合格线，要求所有销售特种兵的当月业绩在50万元以上，没有达到的视为没有完成业绩目标；另一条线是10万元的“生死线”，业绩低于10万元的销售特种兵当场淘汰。

从第二个月开始，公司又逐步提高标准，要求销售特种兵每个月的业绩必须在50万元以上。经过3~4次的筛选和淘汰，公司最终将业绩目标定为每个人单月业绩产出在100万元以上。

当然，在要求业绩的同时，公司也同步狠抓培训和管理。

一方面，公司每个月都要开展为期两天的集训，提升员工开发大客户的能力。与此同时，公司还不断地在团队中举行大通关、中通关和小通关，模拟开发大客户的实战场景，以持续不断地提升销售特种兵的实战能力。

另一方面，公司每周都要召开头脑风暴会。在头脑风暴会上，公司先通报各销售特种兵小组的排名及成绩，然后在销售特种兵团队中挑选两位优秀代表和业绩不理想的代表进行分享。优秀代表分享自己在成交过程中总结的一些成功经验，业绩不理想的代表分享自己遇到的障碍。每个人分享完以后，营销部负责人、销售特种兵教官以及直属领导对其进行点评。在点评过程中，他们既要强调有哪些经验值得推广，又要针对销售特种兵存在的共性问题，当场进行答疑和指导，及时地教授解决这些共性问题的方法。在会议的最后，由营销中心副总裁部署下一阶段的工作。

最终，这家企业的销售特种兵团队交出了一张漂亮的成绩单：在当时疫情非常严重的情况下，销售特种兵团队的人均销售额已经是普通销售人员的10倍以上。

选客：5A分类锁定大客户

在锁定员工画像后，接下来企业要锁定大客户画像。许多企业犯的一个典型错误是：希望服务好所有客户，对所有客户一视同仁。然而，企业的资源是有限的，企业只能将有限的资源投向最关键的客户。因此，企业要选择对的客户，然后进行资源聚焦。

《大学》云：“知止而后有定，定而后能静，静而后能安，安而后能虑，虑而后能得。”企业经营也要学会知止，与其将100%的资源分散地投在1万个小客户身上，不如将99%的资源投在100个大客户身上，将这100个大客户服务到极致。

我曾经看过一组关于华为的数据：当华为年营收为6 000亿元时，真正的大客户只有500多家。华为在将客户分为S、A、B、C四类后，选择在最优质的客户身上投放最好的人、财、物资源。仅此一项，就支撑起华为6 000亿元的年营收。

再举两家世界500强企业的例子。一个是甲骨文公司，该公司规定小于一定销售额的客户，一律移交给电话销售部负责，其他销售部就算与这些客户达成合作业务也不算业绩。另一个典型案例来自3M公司，这家公司曾经在客户数量超过5 000个时，只保留了100个大客户，而将4 900个小客户交给精心挑选的经销商负责。这是因为一项盈利分析显示，这4 900个小客户中有相当一部分是无法给3M公司带来盈利的。

由此可见，企业的首要任务是筛选出大客户。而要筛选出大客户，企业首先必须确定客户分类标准。但是，我发现绝大部分企业的客户分类标准都比较简单，大都是按照客户贡献的利润来分类。以我的经验来看，这一分类标准过于片面。在这里我给大家分享一个我自己使用了20多年的客户分类模型——5A客户分类模型。

过秤：5A客户分类模型

所谓5A客户分类模型，即企业从收入、利润、诚信度、人均效能和难易度5个维度，对客户进行评分，最终根据以上5项的综合得分，依次排列出企业的1A到5A客户。一般来说，3A级以上的客户才能被称为大客户。

如表4–2所示，这就是一张标准的5A客户分类表。我们要从以下5个维度来解读这张表。

表4-2　5A客户分类表

客户	收入					利润					诚信度					人均效能					难易度					总得分
	5	4	3	2	1	5	4	3	2	1	5	4	3	2	1	5	4	3	2	1	5	4	3	2	1	
张总																										
李总																										
王总																										
陈总																										
郑总																										
刘总																										
周总																										

收入

客户分类的第一项标准是客户贡献给企业的年收入，这最能直接体现客户的贡献大小。比如某公司规定：年收入超过1 000万元的客户得5分；年收入为800万~1 000万元的客户得4分；年收入为600万~800万元的客户得3分；年收入为400万~600万元的客户得2分；年收入小于400万元的客户得1分。

利润

带给企业高收入的一定是好客户吗？不一定。我曾经服务过一家外贸型企业，这家企业的主营产品是阀门，其客户大多是国外大客户，单笔订单额最高会超过1 000万元。但是，这类客户的利润率却非常低。这类客户体量虽大，但却会蚕食企业的利润。

10多年前，我也遭遇过类似的选择难题：面对可口可乐和西门子这两家世界500强企业客户，我应该重点开发哪个客户呢？从收入规模上看，可口可乐每月的物流费用大约为几百万元，而西门子每月的物流费用只有几十万元。但是，最终我却选择了西门子作为重点客户。

为什么呢？因为虽然可口可乐每月的物流费用远高于西门子，但其平均单价低，利润也极低，所以我开发这样的客户事倍功半。而尽管西门子每月的物流费用只有几十万元，但它的产品价值高，利润相对也更高。因此，我就锁定了西门子作为标准的大客户。

诚信度

收入高、利润高的客户就一定是好客户吗？也不一定。企业还要考虑客户的诚信度。在宅急送时，我曾经服务过几位收入和利润都非常高的客户，但他们的诚信度很低。原本合同约定是月结，结果他们每次都拖个一年半载才回款。因此，宅急送后来就出台了一项规定：不做超期3个月结款的客户。

中小企业通常是应收账款高的重灾区，那么，这些应收账款通常是由谁造成的呢？答案是大客户。新闻报道也经常披露类似的情况：每当有一家大企业倒下，背后都有一群收不到回款的供应商。因此，企业在评估客户时，一定要增设“诚信度”的标准。否则，企业的产品卖出去了，钱却收不回来。此外，这样的客户越大，带给企业的伤害也越大。

那么，如何判断客户的诚信度呢？企业在合作前一定要做好尽调工作。我给大家分享三个实用小技巧，这些都是我过去常用的方法。

- **询问客户的竞争对手。**客户的竞争对手一般会长期跟踪客户的情况，对客户的诚信度是比较了解的。当然，客户的竞争对手可能会故意抹黑它，因此，企业在收集信息后要从多个渠道对其加以验证。

- **询问客户的合作伙伴。**客户是否每次都能按照合同规定回款？客户的合作伙伴与客户已经有过合作，对于客户的诚信情况非常了解。
- **询问客户企业的内部员工。**关于这一点，我有几个屡试不爽的小妙招。在中秋节后拜访客户时，我总会给保安室大爷递上一根烟，问道：“大爷，中秋节公司有没有给你送月饼啊？”如果公司连员工的基础福利都无法兑现，那么这家公司的诚信度就堪忧了。我还问一线员工：“你们公司发工资准时吗？每个月都准时吗？”公司如果连员工工资都经常拖欠，那么大概率也会拖欠供应商货款。

人均效能

收入高、利润高、诚信度也不错的客户，是不是就算大客户了呢？我认为这三项标准还不足以说明问题。过去我经常会遇到这样一类客户：虽然他们的收入和利润都非常高，诚信度也不错，但却有一个致命的弱点——占用的企业员工非常多。我将他们贡献的收入和利润分摊到为他们提供服务的人头上，发现这类客户的人均效能非常低。

例如，假设A客户每月与公司签一笔60万元的订单，但只需要公司派2名员工去服务他；而B客户每月与公司签一笔80万元的订单，但需要公司派8名员工去服务他。请问，谁是公司的大客户呢？

A客户的人均效能为30万元（60÷2），而B客户的人均效能却只有10万元（80÷8）。显然，虽然B客户给公司带来的业绩更多，但是人均效能更低。

难易度

为什么要考虑难易度这一指标？这是因为很多大客户提出的要求非常苛刻，甚至会在合同里强加不少霸王条款。我曾经开发过一个汽车行业的大客户，这家汽车企业每年的物流费用高达几千万元。然而，这家企业却提出全国发货、调货的要求，这对公司来说，操作难度非常高。此外，它还提出了许多个性化需求和霸王条款。公司如果完全同意这些个性化需求和霸王条款，就必须专门为这个客户研发多种个性化服务，而交付这些个性化服务又需要增加大量人力成本。再三权衡之下，我还是决定放弃这个大客户。

不考虑客户难易度会给企业带来什么后果呢？一位做外贸的老板就因此吃了大亏：这家企业在行业细分领域已经做到全国前三，年营收十几亿元左右，但净利润却不足3 000万元。

为什么利润率如此之低呢？在与他交流的过程中，我发现问题的症结就在于他没有评估客户的难易度。当国外大客户提出很多个性化需求时，企业的销售人员不敢得罪大客户，也怕给了竞争对手可乘之机，因此尽量满足。为此，企业投入了大量人力、物力去开发新产品来满足客户的个性化需求，结果其他客户并没有相同的需求，这就造成了很多新产品投入大、产出小，并且这些新产品的亏损反过来吃掉了主流产品的利润。

企业在开发新产品时，一定要兼顾标准化需求和个性化需求。企业如果提供的全是个性化产品，就很难做大。当然，企业如果生产的全是标准化产品，就很难满足大客户的个性化需求。因此，这里就涉及对“度”的把握：客户的哪些需求企业可以满足？哪些需求不能满足？在评估客户价值时，企业要对需求的难易度进行有效评估。

从以上5个维度对每一个客户进行评分，企业就可以得到一张从5A客户到1A客户的由高到低排列的总分列表，这就是5A客户分类模型。

由于企业规模不一，考虑到工具的普适性和可拓展性，我建议企业一开始就从这5个维度对客户进行评估。如此一来，客户画像的锁定就会更精准。当然，在实际应用时，企业也要根据实际情况对分类标准进行删减。如果当前公司体量还比较小，不想将分类标准做得那么复杂，就可以从中选择3个重要指标作为分类标准。这个模型的关键在于要理解分类背后的逻辑，企业要根据自身的特点进行大客户画像锁定，确定大客户的需求特征。

过筛：筛出真正的大客户

在通过5A客户分类模型反推出客户的基本特征后，客户画像的第一步就完成了。接下来我要对客户进行精准分析，筛选出真正的大客户。

如何对客户进行精准分析呢？企业要做好“三看”：看历史数据，看“三本”画像以及看消费习惯和生活方式。

一看历史数据

企业要深入分析成交订单的历史数据，从历史数据中提炼出大客户开发的基本规律。比如我在辅导一家企业时，要求相关人员先找出过去3年成交的大客户的共性特点。这家企业有两种类型的大客户：一种是终端大客户，另一种是渠道商客户——这类大客户通常是由美容院或者其他美业连锁店输送过来的。那么，这两类大客户分别有哪些特征呢？终端大客户有哪些消费习惯？哪些美业连锁店会成为大客户呢？……这些规律都要通过对数据的精准分析，再对照前面所提炼的大客户画像，才能提炼出来。

二看“三本”画像

“三本”是指洞察意向客户的本心、本能和本愿。

本心：想不想？要不要？

本心指的是客户的购买欲望——客户是不是发自内心地想要企业的产品和服务？我经常和行动教育的销售伙伴交流：“你们知道在行动教育的大客户画像中，哪个特征应该排在第一位吗？”大部分伙伴的答案是：“上市公司、区域标杆、细分行业第一……”

我摇头说：“都不是！这些都是外在特征，第一特征应该是这家企业的一把手想不想把企业做大，他有没有想做第一的雄心壮志。如果他不想，那么这个客户开发起来可能就事倍功半了。”

一家企业的主营业务是高端体检和功能康复服务，它的客户可以分为两种：一种是直接终端客户，另一种是渠道客户。在锁定渠道客户的客户画像时，我问这家企业的老板和高管：“谁是你们的渠道大客户？”在场的很多高管和销售精英给出了同一个答案：大型连锁美容院。

然而，在打开这家企业的客户分类表时，我却发现了一个有趣的事实：在这家企业的渠道客户名单中，有一位渠道大客户只有两家美容院，却成为这家企业的大客户；而另外一家渠道大客户虽然有上千家美容院，但贡献的收入份额却很小。

这说明什么问题呢？比客户规模更重要的是渠道客户的本心——客户想买企业的产品吗？这才是最关键的客户特征。如果客户不想买，那么即使规模再大，他也不是企业的大客户。

本能：能不能？够不够？

本能评估的是大客户的购买能力——客户能不能买得起，够不够得着产品的支付门槛？营销学大师菲利普·科特勒对需求下过一个经典的定义：需求=欲望+购买力。如果客户确实想要购买产品，却没有足够的购买力，这就不能称为真正的需求，只是欲望而已。一个没有购买力的客户不是真正的大客户。因此，企业一开始就要评估客户的购买能力是否匹配企业的产品。

本愿：愿不愿意？舍不舍得？

本愿指的是客户愿不愿意、舍不舍得，这往往取决于客户的格局。以一家教育培训公司为例，它在挑选大客户时，一定会挑选“水深鱼大”的客户：“水深”指的是行业成长空间大，这类企业往往处于行业生命周期中的成长期，未来有巨大的成长空间；“鱼大”不是指企业的体量大，而是指企业家的梦想大、格局大。一个企业往往是创始人的另一个自我，创始人决定了这家企业的基因。因此，这家企业未来能走多远，与企业家本人的格局、梦想和思维有关。

三看消费习惯和生活方式

顶尖销售一定要看什么呢？他一定看客户的消费习惯和生活方式。

销售人员如果从事的是大健康行业，那么在筛选大客户时，一定要侧面打听客户的消费习惯和生活方式：客户平时有没有养生的习惯？是不是特别关注自己的健康？这是因为消费习惯和生活方式背后，体现的是客户对企业的产品的价值认知。如果客户没有这方面的认知，那么这个客户做起来就很费力。

经过“三看”后，企业就可以评估出这位客户到底是不是一个合格的大客户。

选品：先需求，后产品

客户需求的三个层次

锁定了大客户后，接下来企业要做的是为大客户提供匹配他们需求的产品。大客户到底在购买什么产品？产品画像来自哪里？任正非曾经讲过一个关于波音的故事：“波音在设计777货机时，不是直接设计一架飞机，而是把各大航空公司的采购主管纳入产品开发团队，由团队讨论下一代飞机是什么样的，有什么需求，有多少个座位，如何设置。如此一来，所有的想法就全部体现在设计中了。这就是产品路标，也是客户需求导向。产品路标不是企业自己画的，而是来自客户。”

我观察到许多企业往往是正向思维，从自己的产品出发去思考客户需求，但市场往往需要的是逆向思维，要求企业根据客户需求去倒推产品设计。企业研发产品一定先市场后工厂，先用户后产品。如果企业把这个顺序弄反了，先在工厂生产好产品，然后再锁定大客户，那么产品基本上很难打动客户。因此，在开发大客户时，企业一定要先去了解对方需要产品的理由，再来设计产品。当然，这里所说的产品是指广义的产品，包括产品组合以及服务。

如何找到大客户需要产品的理由呢？企业不能靠市场部或研发部拍脑袋去设计产品，而是要基于销售部挖掘出来的大客户需求反向定制产品。产品画像一定建立在挖掘大客户需求的基础上。只有面前放着一张清晰的大客户需求表，市场部和研发部才能根据大客户的需求进行产品研发。

如表4–3所示，这就是一张标准的大客户需求表。那么这张表格应该如何填写呢？接下来我来解析其背后的逻辑。

表4–3　大客户需求表

客户（个人或组织）	职务或角色	影响力程度	一般需求（基本需求）	个性化需求（独特需求）	隐性需求（痛点）
			1.	1.	1.
			2.	2.	2.
			3.	3.	3.
			1.	1.	1.
			2.	2.	2.
			3.	3.	3.
			1.	1.	1.
			2.	2.	2.
			3.	3.	3.

首先，企业的客户是谁？大客户通常不是一个人做签单决策的，而是一个团队做签单决策的。尤其是To B（面向企业）项目，企业面对的不是一个人，而是一个组织。这个组织中可能有上百个利益相关者，每个人都有自己的需求，重视自己的利益。因此，销售人员首先要做的是依次填写每个客户的身份。

其次，每一个人的职务和角色是什么？他负责经营还是生产呢？不同的角色在工作中的关注点各不相同。比如，技术部门更关注技术指标能否达到要求，使用部门更关注产品的易用性，而财务部门则更关注产品价格是否在预算范围内等。

如表4–4所示，这是一家项目制企业的大客户需求和痛点分析表，在针对不同的角色时，企业所呈现的价值面是完全不一样的。

表4–4　某项目制企业的大客户需求和痛点分析表

部门	岗位	大客户需求及痛点	价值呈现
董事长办公室	董事长、总裁	1. 投资回报率低，持续发展难 2. 员工管理难 3. 内部腐败多	1. 项目方案包 2. 诚信经营，不卖假货 3. 儒家信仰与价值观
总经理办公室	副总裁、总经理	1. 经营管理难，员工流失率高 2. 安全责任大 3. 环保要求高	1. 战略供应商 2. 项目制管理 3. 具备危化品经营资质 4. 安全物流配送
销售部	总监、经理	1. 优质订单少，接单压力大 2. 订单交货慢，产品利润低	1. 上下游资源整合 2. 订单转介绍

（续表）

部门	岗位	大客户需求及痛点	价值呈现
工程研发部	总监、经理、工程师	1. 技术创新少，材料开发少 2. 开发周期长，异常问题多	1. 三大行业研究所 2. 专家型铁三角 3. 经营团队驻厂服务
采购部	总监、经理、主管	1. 优质资源少，服务配套弱 2. 产品价格高，服务交期慢	1. 一站式采购平台 2. 项目方案包
生产部	总监、经理、主管	1. 产品良率低，工作效率低 2. 员工流失率高，生产技能差	1. 工程师驻厂 2. 工人实操培训
品质部	总监、经理、主管	1. 品质不稳定，处理不规范 2. 产品问题多，解决反应慢	1. 专家型铁三角 2. 经营团队快速服务 3. 出厂检验报告 4. 满足个性化服务
财务部	总监、经理、主管	1. 投资回报低，供应窗口多 2. 账物不一致，对账不及时	1. 一站式采购平台，有限控制综合成本 2. 财务经理直接对账，及时准确
仓库	总监、经理、主管	1. 库存周期慢，积压滞销多 2. 交货不及时，账物不一致	1.ERP（企业资源计划）系统管理，科学专业服务 2. 专业客服专人负责，第一时间反应

再次，销售人员还要评估这些角色对这个项目的影响力程度。影响力程度评估就是评估该角色对这个项目是产生重点影响、间接影响还是决策性影响？如果有可能，销售人员甚至可以制作出一张

采购影响力表，将每个角色的影响力量化成相应的百分比。假设整个决策链条上一共有10个人，那么每个人对采购流程的影响力所占的权重是不同的，业务线副总裁对这次采购的影响力为25%，而业务总监的影响力为30%……以此类推，所有人的决策影响力合计为100%。

需要注意的是，企业不要漏掉项目每一个环节上的相关人员，再小的角色都不容忽视。我曾经有过一次惨痛教训。在某个项目中，我部门的一位销售特种兵在开发一个客户时，每次拜访客户都没有留心门卫大爷。而竞争对手每次经过门卫室时，总会给门卫大爷递上一根烟，陪大爷聊会儿天。到了投标日，他意外地发现门卫大爷也在场，并且还在厂长面前嘀咕了一会儿。后来他才知道，原来这个门卫大爷是厂长的老丈人，他在厂长面前说了竞争对手的好话，而这个小细节直接导致项目流标。

这件事给我留下了深刻的印象：任何一个看起来毫不起眼的小角色，最终都有可能影响项目的成败。这些小角色不一定能成事，却很容易坏事。

最后，填写完这些基本信息后，最重要的部分来了——对需求的挖掘。需求指的是客户现状与期望之间的落差。大客户的需求在哪里，产品画像就在哪里。企业要想真正打动大客户，就必须基于大客户的需求反向开发匹配大客户需求的产品。

需求可以分为三个层次：一般需求、个性化需求和隐性需求。

第1层次：一般需求带来一般价格

一般需求就是客户的共性需求。比如每家快递公司都能够满足客户发快递的一般需求。当然，根据一般需求研发出来的产品就是标准化产品。这家企业能满足一般需求，它的竞争对手也能满足。如果这家企业的产品只能满足一般需求，那么它很难与竞争对手有区别。

第2层次：个性化需求带来增值价格

个性化需求是某位大客户所独有而其他大客户不存在的需求。很多企业之所以无法与对手竞争，核心就在于它们没有找到客户的个性化需求。正如特劳特（Trout）在《什么是战略》一书中所说："在大竞争时代，企业的唯一成功之道就是进入客户心智。而进入客户心智的唯一方式，就是做到与众不同。"

当企业只能用标准化产品满足客户的一般需求时，它就无法与竞争对手形成差异化。要想在竞争中取胜，企业只能踏入价格战的泥潭。然而，价格战是最低级的战争，世界上没有一家企业可以通过打价格战而成为行业老大。而要跳出价格战的泥潭，企业唯有找到客户的个性化需求，并根据个性化需求来专门为大客户研发定制化的产品组合和解决方案，提升产品与客户需求的契合度，以此来提高产品的溢价，从而完成从卖价格到卖价值的转变。比如，顺丰为唯品会和华大基因等大客户提供一整套个性化的行业解决方案，这种做法就是在大客户的个性化需求上下功夫。

当下物流行业就出现了很多针对个性化需求设计的新业务形态，比如“最后负公里”。“最后0公里”是门到门服务，而“最后负公里”是门到门内服务。假设你在网上买了10件衣服，过去快递小哥把货送上门就走了。现在快递小哥会在门外等你，你可以在房间内倒上一杯红酒，并听着轻快的音乐，惬意地试穿这10件衣服。最后，你打开门告诉快递小哥：帮我把这7件衣服退回去！

显然，这种个性化服务不可能只收取客户十几元的普通快递费，但根据我在实践中的调研，很多女学员都愿意购买这种个性化服务。因为她们会算一笔账：虽然这种快递费比普通快递费高，但是自己去逛街，不仅需要支付车费，还需要更高的时间成本。总体而言，这是一笔划算的买卖。

第3层次：隐性需求带来超值价格

隐性需求就是隐藏在一般需求和个性化需求之下的需求，是客户没有清晰地表达出来，甚至自己都没有意识到的需求。一项调查结果显示，消费者在自己的行动中意识到的东西只有5%，剩下的95%都是在无意识中进行的。企业如果看到了这个隐性需求，那么设计出来的解决方案就可以带来超值价格。

如何找到隐性需求呢？事实上，痛点的背后就是隐性需求。企业如果找准了客户的痛点，就可以进一步挖掘出客户的隐性需求。如果痛点找错了，需求自然也就找错了，那么企业最后提供给客户的产品就是错的。一个销售高手必然是一个挖掘痛点的高手，他能够从客户对现状的不满中挖掘到别人看不到的隐性需求。

总而言之，需求的背后就是产品，产品的本质就是满足需求的解决方案。如果需求找错了，产品就不可能做对。此外，对于客户需求的洞察，不是一个阶段性的工作，而是贯穿整个客户生命周期的动作。这是因为市场是变化的，客户也是变化的。随着市场和客户的变化，新的痛点和需求会冒出来。因此，洞察需求不是一时一刻的动作，而是每时每刻的动作。销售人员需要动态地关注客户随时会冒出来的一般需求、个性化需求和隐性需求。当然，对于需求的挖掘越深入，带来的利润越可观。

从需求到产品：三贴法则

当企业成功地找到了大客户的需求时，这个需求又该如何转化为产品呢？下面我就以上述的代收货款业务为例，还原当时顺丰设计产品画像的思考路径。

首先，产品画像必须符合三贴法则。

- 贴市场心。贴市场心是指企业的产品必须来自市场这块土壤，企业要研究市场需要的东西。以代收货款业务为例，当时整个中国的电购、网购和邮购业务方兴未艾，尤其是老百姓对于电视购物和网络购物的接受程度已经非常高了。但在15年前，市场上还没有出现类似支付宝的独立的第三方支付平台，消费者习惯一手交钱、一手交货，这是当时整个市场面临的共性问题。而代收货款业务正好可以解决这一问题。从这个角度来看，当时市场需要代收货款业务。
- 贴客户心。贴客户心是指客户也需要代收货款这项服务。因为当时电购、邮购、网购平台也没有足够的人力、物力和财力去组建庞大的物流体系，并安排人员亲自送货上门。对于这种非核心业务，企业最好的选择是外包，把专业的事情交给专业的人去做。因此，对于客户而言，委托第三方物流公司代收货款是最好的选择。

- 贴企业心。贴企业心是指这款产品还要满足企业的需求。2008年的金融危机对珠三角地区的企业影响巨大，许多港资、台资企业纷纷撤资，致使不少中小企业倒闭，这给当地的物流行业造成了巨大的冲击。顺丰也不例外，收入受到了不小的影响，公司急需一项能提高收入和现金流的业务。而代收货款业务正好满足这一要求，既能提高公司收入，又能极大地增加公司的现金流。

其次，企业应充分评估自身优势，再从业务概念中提炼产品的设计概念。

代收货款业务虽然在当时完全符合三贴法则，但只是一个行业的通用操作，属于一种业务形态，还算不上一个真正的产品。

什么意思呢？假设某摄影公司的主营业务是儿童摄影，但儿童摄影不是产品，因此，摄影公司要从中提炼出“博士系列”，比如让小朋友拿着第一张成绩单、写下的第一个字、第一篇作文来拍照留念，或者提炼出“生活系列”，比如用相机记录小朋友第一次洗碗、第一次同父母春游等生活场景。也就是说，“博士系列”和“生活系列”才是这家公司从儿童摄影业务中提炼出来的产品。

那么，顺丰当时从代收货款业务中提炼出的产品设计概念是什么呢？结合顺丰管理规范的优势，它从中提炼出两个产品概念：一个叫次周返，一个叫隔周返。次周返是指客户委托顺丰代收货款，这笔钱放在顺丰的账户一周后，再返还给客户。隔周返是指这笔钱放在顺丰的账户半个月后，再返还给客户。

在设计产品时，顺丰也充分考虑了自身优势：不同于竞争对手的加盟模式，顺丰采用的是纯直营模式。这就意味着顺丰做这项业务天然具有差异化优势，因为顺丰的所有网点和快递员都属于公司，资金管理更高效。我至今都记得，顺丰当时要求所有快递员收到的货款必须当日入账，因此顺丰的财务运营和资金保障能力远远优于竞争对手。

设计产品阶梯：从尖刀1.0到尖刀4.0

曾经有一位高管向我请教：“陈老师，我们公司的王牌产品广受好评，但有一个致命的缺陷——大客户的黏度非常低。许多大客户在消费了公司的王牌产品后也很满意，但很快就流失了。”这个问题在中小企业中非常典型。

既然大客户满意度很高，那是什么原因导致大客户流失了呢？其根源在于这家企业没有为大客户打造产品阶梯，导致大客户消费完王牌产品后，企业就没有其他匹配的产品供其消费了。

下面我以某教育培训公司为例，分析它是如何为大客户设计产品阶梯的。

首先，这家公司会举办小型会议，而这些会议的门票价格在一千元左右。这些会议相当于试听课，会以低价吸引客户参加。在会议上，销售团队会集中火力销售公司的1.0尖刀产品——公司的王牌课程。

在王牌课程现场，公司给销售人员定下了一个清晰的目标：每人每月向一位客户销售公司的1.0组合产品，其由10位名师讲授的10门课程组成，整个学习周期为1~1.5年。

在这10门课的课程现场，不同客户的个性化需求会逐渐显现：有些客户可能对营销体系有需求，有些客户可能对财务体系感兴趣，有些客户可能对人才体系感兴趣……因此，不同课程的事业部又开始筛选与自己产品匹配的大客户，并交付2.0产品——方案班。方案班不再是某位客户一个人上课，而是由该客户带着手下的团队一起到方案班现场做落地方案。

在方案班现场，那些想快速做大企业的客户，担心自己学习的时间成本太高，希望授课导师进入企业进行辅导。因此，这家企业又为有类似需求的大客户设计了3.0产品——入企辅导，由导师亲自担任总顾问，以帮助客户快速导入产品。为了能更好地陪伴客户成长，企业又为大客户设计了4.0产品——常年顾问。

事实上，从产品的维度来看，只有设计出从1.0到4.0的产品阶梯，企业才能真正实现产品维度的终身用户战略落地，从而持续满足大客户不断升级的需求。反之，如果企业只有一款王牌产品，那么大客户在消费结束后，非常容易流失。因此，要想开发大客户，企业决不能迷信“一款爆品打天下”，而是要为客户设计好产品阶梯，保证自己能够持续地满足大客户的需求。

一切都是设计的结果。产品是设计出来的，大客户也是设计出来的。对企业而言，设计中最难的部分就在于突破内部视角，并基于外部视角重新审视企业的产品，而不是把自己困在过去的经验中。我经常听到有人抱怨企业的产品卖不上价格，只能和对手打价格战。实际上，一个人在一个行业干得越久，这种错误的认知就越根深蒂固。老板和营销一把手要突破固有思维，成为产品设计的高手，不断地追问自己：我们的2.0产品、3.0产品、4.0产品分别是什么？

第五章

深通关：批量复制销售特种兵

战斗之前，先通关

明确了员工画像、客户画像和产品画像后，销售特种兵就可以直接上战场了吗？答案是不行！企业还需要练兵！销售特种兵不是天生的超人，而是企业投入巨大的资源训练出来的。我们经常在电影中看到类似的画面：一旦特种部队准备执行重要任务，他们不是直接出发，而是先找个地方，模拟执行任务的过程。他们会提前数月甚至数年反复演练，以排除各种意外情况。这样做就是为了降低伤亡率，提高成功率。

在调研企业时，我经常会看到一种令人痛心的现象：许多企业没有对员工进行系统性培训，就急忙地将其投入市场，任其在市场的炮火中自生自灭。这种做法必然会带来一个严重的后果：新员工的存活率非常低。销售是一场战争，谁都不能指望一群没有经过训练的新兵蛋子赢得胜利。

因此，在销售特种兵被挑选出来后，企业还要匹配高强度的训练，以快速提升他们的专业能级。以我在一线带领团队近20年的经验来看，要想批量生产优秀的销售特种兵，最好的方法就是通关加培训。

什么是通关？为什么通关是提升员工专业能级最好的方法呢？在回答这些问题之前，我先说一下为什么我会产生让员工通关的想法。

20多年前，我刚开始领导公司的项目销售团队，在开发大客户的过程中，项目销售人员会针对不同行业的大客户制作相应的标书和物流方案等。但在辅导团队成员的过程中，我发现每个项目销售人员所做的方案和标书都不一样，质量也参差不齐。

有一次，我把所有项目销售人员召集过来开会，给每个人1分钟的时间介绍公司。结果让我大吃一惊，10个人给出了10个完全不同的版本。紧接着，我又考了他们一个问题：如果客户说你的产品价格太高，那么你该如何回应？10个人给出的答案又不一样，而其中8个人的回答都达不到我的要求。

那一刻，我恍然大悟：这些销售人员连我都不能说服，还怎么说服客户呢？

如何解决这个难题呢？我琢磨着能不能教他们一套标准话术呢？很快，我整理出一套专业话术和营销方案，并要求所有人背话术、讲方案。一周后，每个人试讲15分钟，而这个过程被我称为“闯关”——这就是通关的雏形。

“闯关”对于提升项目销售人员的专业度起到了立竿见影的效

果。随后，我又将“闯关”的模式推广到公司的基础销售团队。对于基础销售团队而言，“闯关”最开始就是简单的书面考试。然而，我发现考出来的“高手”到了客户现场还是会被客户“考糊”了，因为许多人仍然不知道该如何应对客户的问题。于是，我在书面考试的基础上又加入线下通关，即模拟销售实战的场景。

2013年，我向行动教育董事长李践分享通关流程，他听完如获至宝，不仅在公司所有营销部门中导入通关体系，还把通关体系成功地运用在包括我在内的所有授课导师身上。这倒逼所有导师不断地学习、不断地升级课程，对于提升导师的专业度起到非常明显的作用。由此可见，通关不仅适用于营销团队，还是一种可复制到所有岗位的思维方式。

具体来说，销售特种兵的通关流程应该如何设计呢？通关包括线上通关和线下通关。

线上通关：项目真经

线上通关到底考查什么呢？过去我在企业一线带团队时，要求大营销部门必须编制三本手册：一本叫销售秘籍，它是专门针对基础销售团队而编制的销售手册；一本叫客服宝典，它是专门针对客服部而编制的操作手册；一本叫项目真经，它是专门针对大客户开发管理而编制的操作手册。不要小看这三本小册子，它们可以奠定一家百亿企业的根基。

为什么要编制项目真经呢？我认为它至少满足了以下三个

需要。

知识传承的需要

公司想要做大，需要知识沉淀，也需要文化传承。

很多企业中都存在一种被忽视了的浪费现象，那就是对销售精英的经验资产的浪费。如果企业不能及时将销售精英身上的经验沉淀为可复制的知识成果，那么一旦销售精英离职，企业就回到了从零开始的摸索期。

这会造成什么后果呢？一方面，企业没有重视知识管理，导致自身投入大量资源而积累的经验没有固化下来，从而难以完成后续从1到N的人才培养和复制；另一方面，销售部前辈已经呕心沥血地把最好的一条路给闯出来了，销售新人却还在浪费时间和精力去试错，反复掉坑，那么最终买单的还是企业。

如何复制销售精英的销售模式呢？编制项目真经是一条捷径，它能让后人站在前人的肩膀上，能缩短新人的成长周期。

有人质疑："许多销售高手有自己独特的成功之道，企业真的能从中提炼出一个可复制的套路吗？"我们不得不承认销售中确实有艺术的成分，但更多的还是科学的成分。因此，企业一定要努力地将其中科学的部分提炼出来并固化到项目真经中，从而形成标准的流程与步骤，以保证经验可重复使用、可推广。有了这个标准化的流程与步骤，过去成交之路可能要走100步，现在所有销售人员照着流程走，可能只需要20步就能达到80分的水平。

以此类推，企业还可以鼓励销售人员将失败的教训记录下来，以防止其他人在同一个地方重复犯错，这也是快速提高生产力的捷径。

销售特种兵培训的需要

很多企业的销售人员在入职后，简单地接受一下产品知识培训，就快速进入市场。三个月后，业绩合格的销售人员转正，不合格的销售人员被淘汰。这种自生自灭的方式极大地浪费了企业的人才资源。因此，如果新员工流失率非常高，企业需要不停地招聘新人，那么企业就要反思：对员工的培训做到位了吗?

经营的本质是对外成就客户，对内成就员工。从把员工招进来的那一刻开始，企业就有责任帮助员工持续成长，把员工从新兵打造成销售特种兵，再从销售特种兵打造成特种兵教练。而成长路上必不可少的就是培训与通关。

如何做好销售特种兵的培训呢？项目真经就是最佳的培训教材，它是企业过去的实战经验和失败教训的精华部分。也就是说，它是对企业自身大客户开发管理方法论的高度提炼，囊括了开发和管理大客户所需的行业知识、客户知识、市场知识等，这比市面上任何一本通用培训教材都更实用，更适合实战。

通关以及价值评价的需要

第三个现实原因是满足通关的实际需要，通关的考题必须来自项目真经。

通关得分是由线上通关得分和线下通关得分综合计得到的，而通关得分是企业从专业维度对员工进行价值评价的结果，是后续星级评定中一个重要的评价指标。

从这个角度来看，项目真经是企业对员工进行价值评价的链条中不可或缺的一环。

项目真经的编写逻辑

在实际操作中，项目真经由谁编写呢？用什么方法编写更实用呢？需要编写哪些内容呢？如何使用项目真经呢？这些都是企业在实践中会遇到的具体问题，我会在下文逐一解答。

编写人员：谁来编

项目真经应该交给谁来编写呢？确切地讲，它不是某个人编写的，而是一群人头脑风暴的结果。头脑风暴就是不同的人从不同的角度来思考、研究、分析同一个问题，以最大可能地碰撞、释放出集体智慧的过程。因此，项目真经的含金量完全取决于编写成员的专业度。

那么，编写组应该由哪些成员组成呢？我认为，它至少应该包含以下4种角色：

- 优秀的销售特种兵。
- 与大客户有关的市场部成员。
- 优秀的项目客服团队。

- 整个营销线的管理者，包括市场部、销售部和客服部的管理人员。

一言以蔽之，整个大客户开发管理体系中的优秀人才都要参与编写。一般来说，我建议将编写成员控制在二三十人的规模，以防参与人数过多，议而不决。

编写方式：分组+头脑风暴

确定编写成员后，负责人紧接着要将编写人员分组。

一般来说，编写人员至少要分为三个小组，每个小组负责1~2个模块的编写工作。每个小组首先要选出一名组长，再由组长挑选擅长某一模块的小组组员。

小组组员编写完初稿后，再一起进行头脑风暴，对编写内容进行补充、打磨，如此反复2~3次。一般来说，整个编写周期历时3个月，各小组每月集合1次，每次2天。

然后，企业再用编写好的项目真经对销售特种兵团队进行培训。企业通过培训后的实战效果，检验项目真经的内容能否经得起市场的验证，并根据实战反馈进行修正，直至定稿。

定稿以后，企业就可以对销售特种兵进行分阶段通关。除销售特种兵以外，市场部与客服部中涉及大客户开发管理的相关人员也要参与各模块的通关，因为项目真经也囊括了市场部和销售部的相关内容。

编写内容：项目真经的基本框架

项目真经至少包含三个方面：销售特种兵、项目制管理和招投标。

销售特种兵至少要包含以下内容：

- 销售特种兵画像。
- 大客户画像。
- 大客户开发异议处理。
- 大客户开发策略。
- 大客户销售的相关案例，包括成功案例和失败案例。

项目制管理应该包括以下内容：

- 项目制管理的定义和意义。
- 大客户的绑定与问责机制。
- 项目制管理异议处理。

招投标应该包括以下内容：

- 招投标信息收集。
- 招投标流程。
- 看标、做标、投标、讲标。
- 招投标案例分析，包括招投标成功案例以及失败案例。

5年前，我曾辅导深圳三和国际集团编制项目真经（见图5-1）。三和国际成立于1985年，起初是一家服务于电子印刷行业的销售贸易型企业，现在已发展为一家高新电子材料的系统服务商。近年来，该企业每年的绩效增长率高达50%。

三和国际为什么发展得这么快？项目真经和通关功不可没。第一次编写项目真经时，我从三和国际挑选了20多名顶级销售人员、客服人员和市场人员参与编写。每个月集中两天进行封闭式编写，再进行封闭式培训，前后历时3个多月。后来，随着实战的变化，我们又不断地对其进行优化升级。不夸张地说，它为三和国际开发大客户立下了汗马功劳，现在三和国际将项目真经作为销售特种兵培训和通关的教材。

图5-1 三和国际的项目真经

值得注意的是，编写项目真经不是一劳永逸的，企业要随时根据市场变化进行内容更新。比如随着疫情常态化，许多企业都开始直播带货，那么直播营销的相关内容也应该及时地补充到项目真经里。同样，随着销售特种兵能级越来越高，从销售特种兵身上开发出来的优秀经验和方法论也要及时纳入项目真经。原则上，项目真经每年至少更新一次。

通关六要素

曾经有一位企业家告诉我："一到年初，我就不敢待在办公室，因为天天有人找我谈提薪。如果我不给涨工资，他就不干了。至于工资涨得值不值，反正他说自己干了这么多年，能力肯定没问题。"

事实是这样吗？当这家企业开始对员工进行通关，一下子就暴露出许多问题，包括销售人员思路不清晰、说话抓不住重点、沟通表达存在偏差等。这也引起了这位企业家的反思，他直言自己过去在销售人员的培养上犯了大错。首先，一说到培养，他就想到找几个老师来给员工讲课；其次，培训内容根本没有击中销售人员的痛点。因为老师讲的和销售团队想要的根本不匹配，所以许多员工在听课时都是无精打采的，人来了，心没来。

如何才能找到一线销售人员真正的问题和需求呢？答案是通关。真正的特种兵不是学出来的，而是通关测试出来的。通关的目的不在于考核员工，而是通过实战模拟来暴露员工身上的问题，进而通过培训针对性地解决这些问题。换句话说，通关是一次绝佳的能力体检，让员工知道自己“得了什么病”，知道“如何去治疗”。

如何设计通关流程，以批量复制出销售特种兵呢？

通关包括线上通关和线下通关。线上通关是指线上的书面考试，考试题型包括填空题、判断题、选择题和简答题，一般由营销部或销售部负责人出题。然而，知道和做到之间还有一条巨大的鸿沟，那么，如何弥合知与行之间的鸿沟呢？线下通关是一种科学有效的考查方式，考查的正是销售特种兵在实际销售场景中的应用能力。

接下来，以销售特种兵岗位的大通关为例，我将整个通关流程拆分为实操的六大要素。

要素1：通关时间

企业为销售特种兵举行大通关与后续的星级评定是同步的。企业如果每个季度做一次星级评定，那么该季度结束的下一个月举行大通关；如果每半年做一次星级评定，那么该半年度结束的下一个月举行大通关。

例如，某公司每半年举行一次大通关，公司通知所有业绩得分和过程得分达到星级评定标准的销售特种兵，于当年7月10日早上8：30到公司总部参加大通关。

那天早上8：30，所有达到星级评定标准的销售特种兵汇聚一堂，在总部会议室进行线上通关，即书面考试。书面考试的时间控制在1个小时以内。

书面考试结束后，所有人逐个进行线下通关，每人线下通关时间为15~20分钟，自评和点评时间共计7分钟。

由于销售特种兵参加大通关的机会不多，因此，我建议企业每月可以在部门内组织一次中通关，每周在小组内组织一次小通关。

要素2：通关地点

企业可以将通关地点安排在以下三个地方：一是公司会议室；二是客户现场，由现场客户来担任通关评委，这种模式完全贴近实战；三是团队拓展地。过去带团队时，我喜欢将通关地点安排在风景优美的拓展地，让员工在轻松的氛围下参加通关，这更能展示出他们的真实水平。当然，为了让所有管理层熟悉通关，第一次大通关最好安排在公司总部。

要素3：通关对象

通关对象包括两类人：一类是通关评委，另一类是通关者。

通关评委基本上由公司的领导担任，包括董事长、总裁、营销中心副总裁以及市场部、销售部、客服部、人力资源部和其他业务线的负责人。如果条件允许，企业也可以邀请客户来担任通关评委。通关者是指业绩得分和过程得分达到星级评定标准的销售特种兵。如果业绩得分和过程得分还没有达到星级评定标准，该员工就不可以参加公司大通关。

经常有管理者问我：作为销售团队领导人，如何才能扮演好客户的角色呢？这是一个通关过程中的细节问题。

首先，团队领导人在扮演客户时要抓住大客户的特征。一个小门店老板和一个大连锁商店的老板在气质上是不一样的。

其次，团队领导人在扮演客户时要注意神态。很多团队领导人平时都是笑眯眯的，但通关时一定要以客户的神态来面对员工。

再次，团队领导人要使用大客户的语言。团队领导人要时刻牢记自己扮演的是大客户，大客户平时会问销售人员哪些问题，自己就要使用客户的语言来提问。

掌握了扮演大客户的技巧后，接下来的问题是：现场考官应该如何提问呢？团队领导人要注意以下三点：第一，提问题要单刀直入，不要拐弯抹角；第二，提问要简洁，毕竟通关时间有限，能一句话说清楚的不要用三五句话；第三，提问要结合项目真经中的考题，要考查销售特种兵应该掌握的知识点。

要素4：通关内容

如前所述，线上书面考试由营销部或销售部负责人出题，考查知识点源于之前所编撰的项目真经。线下模拟考试的内容则取决于销售特种兵的能力需求。企业要培养他们的哪些能力，就匹配相应的通关活动。

不同于普通销售人员的考核内容，销售特种兵线下模拟考试包括但不限于以下内容：

- 项目客户开发、大客户开发（含回款）、经销商开发培训。
- 深度谈判技巧。
- 客户异议处理。当客户回复“不需要”“不满意”“太差了”“太贵了”等异议时，销售特种兵应该如何应对?

- 融入客户圈子，参加学术会、赋能会（含会员增值交流会）。
- 招投标（重点考查五个流程：看标、做标、投标、答标和中标）。
- 行业解决方案。
- 举行各类营销活动，包括答谢会、招商会、促销会、洽谈会、推介会、新品发布会、超级VIP（贵宾）客户定制会、团购会等。
- 举办各类新媒体活动，比如网络直播营销（抖音卖货）、网络课堂、在线沙龙等。

这些线下场景考题考查的都是销售特种兵需要掌握的技能。当然，以上只是考试题目的关键词。在实际线下通关场景中，企业应要求考官根据这些关键词设计线下场景题。

例如，销售特种兵抽到这样一道题：某年某月某日，你负责主持一场招商会。销售特种兵提前20分钟抽题，然后在这个时间之内完成准备工作。

20分钟后，销售特种兵准时进场答题。此时台下评委的身份不再是销售特种兵的领导，而是销售特种兵锁定开发的大客户。接下来，销售特种兵要面对自己的大客户，举办一场招商会，整个通关时间控制在15~20分钟。

完成通关后，销售特种兵还不能马上离开。销售特种兵首先需要用1分钟做自评，然后再接受评委7分钟的点评。点评结束后，他可以坐在台下欣赏下一位通关者的测试。如此一来，每个销售特种兵都能从其他同事的通关过程中汲取营养，这种提升能力的效果绝不亚于一场专业培训。

要素5：通关点评

通关点评是整个通关过程中最关键的环节之一，点评相当于给销售特种兵“照镜子”，“照出”他们在销售过程中存在的问题，而这些问题通常都是他们的盲区。

整个点评流程可以分为自评和他评两个步骤。销售特种兵首先需要对自己的通关表现做1分钟自评，自评相当于复盘：哪些方面表现良好？哪些地方表现不足？

1分钟自评以后，再由台下评委做7分钟点评。评委应该如何点评呢？

首先要确定评委点评的顺序：先由扮演客户的考官进行点评，然后其他评委再按照职位高低，由低到高依次进行点评。先由销售特种兵对应的区域经理和地区分公司总经理点评，然后是大区总经理、营销中心副总裁点评，最后是公司总裁点评。

评委可以按照评分表进行点评。一般来说，通关之前企业要制作一张评分表，评分表可以包含仪表仪容、表达流畅程度、逻辑性、技能掌握程度、产品知识熟练程度等多项评价标准。

如果没有评分表，评委也可以按照销售铁三角（销售知识+销售心态+销售技能）的逻辑进行点评。比如，销售知识掌握得是否扎实？销售心态是否平稳？有没有紧张情绪？销售技能上有哪些问题。评委还可以三问（问简单的问题、问是否的问题、问二选一的问题）、三挖（挖问题、挖需求、挖痛点）。

由于评委人数较多，人均点评时间可能只有一分钟，因此评委点评时要着重点评不足的方面。在点评的过程中，评委一定要敢于“拍砖”。美言不顺，顺言不美。销售特种兵与普通销售人员不一样，他们一定能承受住“拍砖”的压力。而针对同一个问题，后面的评委不要重复点评。

事实上，点评就是“师带徒”的过程。在点评的过程中，所有评委都会将自己多年的战斗经验毫无保留地传授给通关者。

我经常强调，通关的价值不在于考核，也不是要把员工淘汰掉。恰恰相反，通关是为了找到员工的能力缺陷，把错误暴露在训练场上。只有知道员工错在哪里，管理者才知道差距在哪里，后续的管理和帮扶才有了方向。所以，管理者要把重心放在帮助通关者发现问题，辅导通关者解决问题上。因为管理者不仅要充当员工能力的评定者，更重要的是还要成为员工能力提升的推动者和辅导者。

我服务过一家新能源上市企业，这家企业面对的客户群是政府部门和大型企业等大客户。在这家企业里，有一位毕业3年的销售人员，他跟了师父3年，却还是一名普通的销售助理。

在第一次大通关现场，我见到了他，从通关表现来看，他确实没有独当一面的能力，通关成绩刚过60分。第二年下半年，这家企业的营销中心副总裁告诉我，这名销售人员在最近一次大通关中，已经达到4星级的水平，他今年的业绩比去年翻了3倍。

每次通关结束后，他都主动要求进行分享。他发自内心地感谢通关，因为通关对他的帮助非常大，让他发现自己存在多年的问题，而这些问题都是他的盲区。

这家企业的营销中心副总裁坦诚地说："每次大通关现场，我都十分感动。一是员工自我成长的意愿很强烈，他们都需要公司给他们创造机会，帮助他们成长；二是大家对自我的要求都很高，愿意接受通关这样的测试方式；三是管理者毫无保留地把自己毕生经验和盘托出。"

要素6：通关总结

发现了问题还不够，企业还要解决问题，缺什么补什么！因此，通关的最后一步是由营销一把手做通关总结，通关总结一共分为三个环节。

首先，由员工代表、分公司总代表和大区总代表分享今日通关的感受。

其次，由营销中心副总裁上台通报，主要通报两个内容。一是通报销售特种兵在通关过程中存在的共性问题。在通关前，公司会安排专人如实记录每个通关者的评委点评内容。所有点评结束后，记录人员将所有评委指出的问题进行统计、排序，排序比较靠前的问题就是销售特种兵团队存在的共性问题。二是通报每位销售特种兵的通关成绩。

最后，由营销中心副总裁安排下一阶段的工作，比如针对通报的共性问题，下一阶段会安排哪些培训？由谁来负责研发课程？

今天很多企业的销售培训之所以无效，根源就在于没有找到真正的问题。当企业培训的课程与销售人员关心的问题毫不相关时，他们当然不可能全身心投入。因此，有效的培训一定是从找问题开始的。企业要先通过通关找到真正的问题，然后再针对通关中的共性问题拟订后续的培训计划，从而进行针对性的课程研发。完成课程研发后，企业再进行封闭式培训。培训完成后，企业要再进行通关，以检查销售人员还有哪些技能没有掌握。只有如此周而复始，整个过程多次循环，才能推动员工能力实现螺旋式上升。

2008年，我在顺丰的全国营销团队中挑选了15名销售人员，专门开展代收贷款业务。我做的第一件事情不是让他们奔赴战场，而是将他们集中到公司总部，用两个礼拜的时间进行封闭式培训和高强度的通关。

十多年前的通关场景还历历在目。我每讲完一堂培训课，紧接着就开始现场通关：我亲自扮演某一家电购、网购或邮购公司的老总，销售特种兵向我介绍顺丰的优势，针对我的需求和痛点，说动我和顺丰合作。在说服的过程中，我还会提出各种疑问，比如“你们的价格太高了”“我已经和其他公司合作了”“你们的返款周期太长了”，以考察销售特种兵能否处理好客户异议。

15个人全部过关后，我才开始分配销售任务。但是，通关并没有到此结束，我将通关做到了日常化。当每周召开大客户碰头会时，我都会现场拿出一个题目，随机挑选几位销售特种兵来进行通关。时至今日，大通关（由公司组织的通关活动）、中通关（由部门组织的通关活动）和小通关（由小组组织的通关活动）已经融入顺丰的企业管理体系。

从严格意义上讲，通关不仅是一个考核流程，还是一种快速提升员工专业度的方法。企业如果能编写好项目真经，并且针对性地研发培训课程，然后再组织员工进行通关，考查员工是否掌握营销知识点，就能把员工能级成长的闭环完全打通。最后，随着这个闭环的运行，员工的能级也相应地提升。闭环运行的频率越高，提升速度越快，团队能力进化也就越快。

如果企业每个季度举行一次公司大通关，部门每月开展一次中通关，项目组每周组织一次小通关，那么员工的精神面貌大概半年后就会有明显变化。到了第二年，企业就能看到绩效提高。有一位企业家告诉我："导入通关后，只要是公司中层以上的销售人员，站在台上就能讲，拿起白板就能写。到了客户那边，不管见到什么人都能讲，水平完全没问题。"

一言以蔽之，通关不仅可以快速提升现有销售人员的专业能级，让他们拥有十倍速的成长速度，还能快速地批量复制销售特种兵。因此，市场部和客服部也可以参照销售特种兵的通关体系，搭建各自的通关流程，每月进行一次大通关，每周进行一次中通关，每日进行一次小通关，不断提升服务大客户的专业度。

第六章
抓管理：营销团队的过程管理

销售特种兵的过程管理

不久前，一位销售管理者向我倾诉了他的困惑：他所在的企业去年年初就制定了大客户战略目标，分给他们团队的任务是开发13个大客户。接到任务后，他火速制订了开发计划：一季度开发2个，二季度开发3个，三季度开发3个，四季度开发5个。而到了年底，他的团队却只成功开发了5个大客户。他不解地问我："为什么我的目标总是难以完成呢？"

一番对谈下来，我发现问题在于作为销售管理者，他没有做好大客户开发的过程管理。为什么大客户开发的成功率和达标率低呢？因为他只给销售人员一个数字指标，既没有告诉销售人员如何完成指标，又没有对大客户开发过程进行管理。没有过程，就没有结果。

老子在《道德经》中告诫我们："天下大事，必作于细。"管理者如果只是把目标分解下去，没有辅导销售人员绘制出大客户开发的作战地图，就无法对大客户开发的过程进行管理。因此，管理者必须要把整个销售过程的“黑匣子”打开，让整个销售过程透明化，让每一个关键节点都清晰可见。

从我对中国民营中小企业的观察来看，销售团队的过程管理一直是一个被忽略的重灾区。很多企业只顾一头一尾：老板只负责下达指标，至于怎么完成就不管了，到了年底直接追问结果。换言之，很多企业只有指标的分解，没有对打法的研究，没有对过程的追踪和辅导，最后就会发现很难达成预期目标，这也从侧面暴露出业务线重业绩、轻管理的老毛病。

我曾经与一家项目制企业老板交流，他们公司几乎所有员工都是“老油条”，每个老员工手里都攥着几个大客户，久而久之，公司也不敢管他们，一管就离职。员工在干什么，老板完全不知道。

我问这位老板：“你平时怎么做管理？”

他告诉我：“我只能考核拜访次数，销售人员出去拜访客户，一个月填写一次工作日志。”

当查看这家企业的销售时间轴时，我发现这家企业前三个礼拜只有少数销售人员在拜访客户，大部分人都窝在家里，因为他们只要第四个礼拜完成拜访次数就算业绩合格。那么，这些人前三个礼拜都在干吗？全在放羊。

最致命的是，在这种重业绩、轻管理，重结果、轻过程的氛围下，管理者也会变成老油条。老员工变成老油条已经令老板很痛苦，但更大的痛苦还在后面：总部只抓业绩，不抓过程管理，最后公司副总经理、总监、经理、门店店长都在搞自己的那一套，按照自己的节奏开展业务。

为什么会这样呢？这也与老板的认知有关，只要分公司或门店有业绩，管理就全部授权给分公司总经理或门店店长。但是授权不代表完全放手，总部应该安排职能线来对销售人员进行管控。否则，公司内部就容易出现自作主张的“山大王”和自命不凡的“太上皇”。管理层是战略层与执行层的纽带，负责承上启下，一旦这个纽带出现问题，企业的执行力就会大打折扣。

好的销售特种兵苗子都是靠“严格训练加日常管理”培养出来的。因为销售目标只是结果目标，企业只能在计划结束时考核它，所以企业还必须把销售目标分解成若干个小目标，切分成若干个阶段性指标。这样一来，每到一个时间节点，管理者就可以检查员工的阶段性成果。

没有好过程，就不会有好结果。我经常在课堂上同企业家学员们说：“日常看过程，阶段看成果。”大客户的开发不可能一蹴而就，开发周期短则三个月、半年，长则三五年。如何保证在这么长的时间内将大客户开发出来呢？企业必须做好日常的过程管理。过程管理是为了保证团队按照正确的路径，做出正确的动作，以达成想要的目标。《孙子兵法》中有一句话：“故善战者，立于不败之地，而不失敌之败也。是故胜兵先胜而后求战，败兵先战而后求胜。”同样，企业只有先推演出大客户成交的过程，才有可能先胜后战。

如何有效管理销售特种兵的销售过程呢？我的经验是编制一套针对销售特种兵的销售过程管理工具，也可以称作“1×5过程管理”。其中，“1”指的是1类人，即销售特种兵；“5”指的是销售过程的5个关键点，即卖给谁、卖什么、怎么卖、动作量化、成果考核机制及考核周期。

如表6-1所示，这就是一套针对销售特种兵的销售过程管理工具。

卖给谁

销售特种兵要把产品卖给谁？当然是大客户！

谁是公司的大客户？这就需要定义清晰的大客户画像，并将其编入客户分类细则，这也是企业前期要做客户分类管理的原因。如果企业没有做好客户分类管理，精准锁定大客户画像，那么销售特种兵的子弹就不知道往哪个方向打。

卖什么

销售特种兵卖什么？既然销售特种兵服务的是大客户，而大客户通常需要的不是标准化产品，而是个性化产品或定制化方案，那么销售特种兵就要回到产品画像，参见产品及方案细则。

如果企业没有市场部或不具备市场研发的功能，不能根据不同客户的需求设计出个性化产品或定制化方案，那么这个问题也就无从答起。

这也从侧面证明：整个大客户开发管理是一个系统，系统内各

表 6–1　销售特种兵 1 × 5 过程管理

动作						
对象	卖给谁	卖什么	怎么卖	动作量化	成果考核机制	考核周期
销售特种兵	大客户	提案、方案	1. 信息收集 2. 信息筛选 3. 方案制订	1. 第一个月第 1 周完成 2. 第一个月第 2 周完成 3. 第一个月第 3 周完成	1. 未完成的乐捐[①]100 元 2. 未完成的乐捐 100 元 3. 未完成的乐捐 100 元	1 周
			4. 品牌推介 5. 挖掘需求	4. 第二个月第 1 周完成 5. 第二个月第 2 周完成	4. 未完成的乐捐 100 元 5. 未完成的乐捐 100 元	2 周
			6. 关键人私约 7. 商务公关	6. 第二个月第 3 周完成 7. 第二个月第 4 周完成	6. 未完成的乐捐 200 元 7. 未完成的乐捐 200 元	1 周
			8. 合作签署 9. 销售服务	8. 第三个月第 3 周完成 9. 第三个月第 4 周完成	8. 未完成的乐捐 300 元 9. 未完成的乐捐 300 元	3 周
备注	客户分类参见公司客户分类细则	提案及方案详见产品方案细则	1. 信息收集：客户规模、需求、痛点等 2. 信息筛选：聚焦两类关键客户 3. 方案制订：了解同行或对手情况，获得客户认可 4. 品牌推介：向重点部门或关键人推介，成功案例展示，进入备选名单	阶段性步骤量化要科学合理（结合企业大客户开发实际情况）		

① 乐捐：企业对员工进行罚款的一种措施。

（续表）

动作						
对象	卖给谁	卖什么	怎么卖	动作量化	成果考核机制	考核周期
备注	客户分类参见公司客户分类细则	提案及方案详见产品方案细则	5. 挖掘需求：持续跟进，收集关键人的需求信息，并提升关键人的参与度 6. 关键人私约：与关键人私约，并形成同盟 7. 商务公关：传递价值、屏蔽友商 8. 合作签署：合同条款商定，并签订合同 9. 销售服务：销售成交后的运维保障			
说明：（1）每个阶段性动作未达标的，按照考核要求每月乐捐 （2）50 元 =1 分 （3）以每个阶段性动作为星级评定过程考核指标						

个模块相互支撑，前后动作是相互勾连在一起的。如果前面的环节没有做到位，后面的环节就无法落地执行，最终大客户开发也会走向失败。

怎么卖

与普通销售人员不同，销售特种兵服务的是大客户。

二者在销售手段上有什么区别呢？普通销售人员一年可能要成交100个小客户，而销售特种兵一年只需要成交2~3个千万级（订单）大客户；普通销售人员成交小客户靠拜访次数取胜，但销售特种兵靠拜访质量取胜。毕竟，一个千万级的大客户并不会因为销售特种兵拜访次数多就愿意签单。

如何才能将产品卖给大客户呢？大客户的特点是成交周期长，企业可以以终为始进行倒推，将销售过程划分为若干个阶段来管理。

企业可以将大客户的销售过程分为以下9个阶段：信息收集—信息筛选—方案制订—品牌推介—挖掘需求—关键人私约—商务公关—合作签署—销售服务。这9个阶段销售特种兵都做到位了，大客户就开发成功了。

第1阶段：信息收集

假设企业要在三个月内成交一个大客户，以终为始进行倒推，那么在第一个月的第一周，销售特种兵就要完成信息收集工作。

收集大客户信息有许多方法，比较常规的方法是收集数据和转介绍：收集数据是依据过往的客户数据分析客户画像，再寻找具有类似特征的客户；转介绍则是请求已成交的大客户介绍新客户。

当然，销售特种兵也可以用自己的方法来收集大客户信息。比如，有人喜欢举办沙龙，有人喜欢上网收集信息，有人特别喜欢收集竞争对手的客户信息。这些都是收集客户信息的好方法。此外，销售特种兵还可以通过微信公众号、小程序、短信、电话、现场活动等营销渠道来获取客户信息。

在锁定某个大客户后，销售特种兵紧接着需要收集哪些信息呢？销售特种兵要填写上文所提到的大客户开发需求表。这张表格的核心信息包括大客户的身份、职务或角色、影响力程度、一般需求、个性化需求和隐性需求。

千万不要小看这张表格，如果销售特种兵没有进行充分的市场调研和信息收集，那么这张表格是填不出来的。想要填好这张表格，销售人员需要综合分析各种信息，包括公司性质、公司规模、经营现状、未来发展规划、组织架构（决策链条）、招投标流程、主营业务及客户群、公司及各个决策人的需求和痛点、现有供应商信息、产品结构及市场表现等，这样才能有效地分析出该大客户的潜力。

大客户的决策链条相对于中小客户的更复杂，因为参与决策的人比较多。以复杂的To B销售项目为例，可能涉及采购线、技术线、用户线、管理线以及财务线等。每一条线上的关键决策人是谁？他在这个项目中充当什么角色？他们各自的关注点和需求点是什么？这些信息都要了解清楚。

第2阶段：信息筛选

信息收集完后，销售特种兵还要做好信息筛选。

首先，要评估锁定的大客户是否符合公司的大客户画像？如果符合，那么销售特种兵再来评估公司的产品画像是否匹配大客户的需求。如果匹配，那么下一步的工作就是确定客户开发的优先级，排出客户开发的先后顺序。需要强调的是，考虑到赢单率，这一阶段销售特种兵至少要储备超过销售目标3~5倍的意向客户。

在筛选客户时，每位销售特种兵都应该清醒地认识到自己面临两个现实问题——生存和更好的生活。因此，每位销售特种兵都要聚焦两类关键客户：一类客户能快速解决生存问题，短期之内就能签单；另一类客户能解决未来更好的生活问题。后者虽然短期之内无法给销售特种兵带来订单，但一年半载以后，能带来大订单。这两类客户都要有，绝不可偏废。一旦锁定目标，销售特种兵就要将大量的时间、精力投放到筛选出的大客户身上。

第3阶段：方案制订

客户是否会签单取决于销售特种兵能否帮助客户获得价值。

经过前期的信息收集和信息筛选，现在销售特种兵应该对客户需求有一定的了解。接下来，销售特种兵可以从客户需求、竞争对手优缺点和自身优缺点三个维度进行系统性分析，然后结合自己的优势，制订差异化的解决方案，将解决方案与客户需求充分对接。

在方案制订的过程中，销售特种兵必须牢记以下3大要点：

- **强针对**。方案必须具有强针对性。为了图省事，很多销售特种兵可能会将公司的标准方案发送给大客户，这会让大客户觉得自己的个性化需求没有得到重视。切记，销售人员一定要根据客户需求设计方案，尤其是对客户关心的问题做出回应。
- **抓重点**。销售特种兵在制订方案时必须懂得抓重点。很多销售人员在制订方案时，喜欢将公司的所有优势罗列出来，这会导致公司的核心竞争力不突出。在制订方案时，销售特种兵一定要学会抓重点：锁定客户关心的问题，并针对竞争对手突出自己的优势和核心竞争力，让客户看到在他所关心的价值点上，我方比竞争对手更强。
- **抠细节**。方案的主要内容包括但不限于封皮、目录、客户需求分析、解决方案、公司介绍、报价等信息。方案要结构清晰、层次分明，并做好排版。这些细节看起来很简单，但往往很容易被忽略，从而导致企业给客户留下不好的印象。对于正式的投标文件，企业一定要注意各种格式要求和应标要求，最遗憾的就是因为格式问题而被“废标”。

第4阶段：品牌推介

方案设计完后，销售特种兵就可以向大客户做品牌推介了。

销售人员首先要梳理清楚客户采购的决策流程、影响客户采购的因素和评估供应商的规则，还要充分掌握客户采购的动机和契机。然后，销售人员再从项目的决策链条中找到重点部门的关键人，向他进行品牌以及方案的推介，向大客户传递产品的差异点、亮点和独特的价值主张等信息，并向客户展示成功案例，争取进入客户的供应商备选名单。

第5阶段：挖掘需求

一旦进入客户的供应商备选名单，销售人员就要更加详尽地收集关键人的需求信息，并提升关键人的参与度。不同的关键人在这个项目中的角色是主导还是参与？他在这个项目中的隐性需求是什么？他的关注点在哪里呢？

针对同一个项目，不同关键人的关注点可能完全不一样：用户线的需求可能是产品简单易用，技术线的需求是产品的功能具有技术先进性，管理线的需求是项目能给公司带来利润，而财务部关注的是预算，以及争取到足够长的账期……销售特种兵要综合考量所有人的需求，并尽可能地满足不同关键人的隐性需求，努力争取每一个人的支持。一个有效挖掘客户需求的方法是解读不同关键人的KPI（关键绩效指标），弄清楚每个人关心什么，然后对症下药。从客户视角出发，销售特种兵应该思考的是如何才能满足客户的需求，并帮助客户实现KPI。

第6阶段：关键人私约

关键人私约是整个成交过程中最关键的动作之一。如果这个动作做不到位，后续成交基本无望。值得注意的是，关键人可能是一个人，也可能是特定的几个人。因此，在开发客户的过程中，销售特种兵一定要明确：客户内线、支持者、影响者、受益者、反对者和决策者分别是谁？他们分别有哪些个性化需求和隐性需求？关键人私约的目的是与关键人结成同盟，取得他们的信任，并将他们发展为项目的支持者。

我发现许多企业的销售特种兵都很年轻，其阅历和资历在短期之内是无法提升的。那么，在阅历和资历都不足的情况下，销售特种兵如何才能完成关键人私约呢？关键在于要善于向“人、货、场”借力。

向“人”借力，即向公司老板、高管、技术专家等借力，用他们的阅历和经验来弥补自己的不足，借助他们的能量来实现关键人私约。比如在开发大客户的过程中，销售特种兵可以策划一些类似于高层会见、公司沙龙、技术交流会等活动，并请公司老板、高管以及技术专家参与。

向“货”借力，即向公司优秀的产品方案或机械设备等高端硬件设施借力，用技术来征服大客户。

向“场”借力，即要学会利用各类场域。比如，销售特种兵带领客户来公司参观或邀请客户参加各类技术峰会、行业峰会，也可以策划答谢会、招商会以及技术交流会等。

第7阶段：商务公关

商务公关阶段最重要的任务是传递价值和屏蔽友商。在这个过程中，销售特种兵需要做好深度谈判，同时对重要问题进行异议处理，以消除反对意见。针对客户的异议，销售特种兵要给出合理的解决方案，让客户相信你能够解决他的问题，以消除阻碍赢单的疑虑和风险。如有必要，还需要适当调整方案或更改商务条款。

第8阶段：合作签署

闯过了商务公关阶段，接下来就到了合作签署阶段。销售人员需要与客户商定合同条款，并最终签订合同。在签署合同的过程中，销售特种兵要及时做好风险管理，避免过度承诺。

第9阶段：销售服务

今天的营销不再是短平快的营销，更多的是持续的、长期的营销。因此，企业不能将合作签署作为项目的终点，而应该将其作为向大客户提供终身价值服务的起点。

从签订合同的那一刻开始，相关客服人员就要介入，对大客户进行精细化管理。当然，精细化管理可能是由一个客服人员负责，也可能需要公司组建一支团队。在后续为客户提供价值服务的过程中，企业还要持续聆听客户的意见、痛点和需求，持续、深入地挖掘新商机。企业只有持续做好客户的精细化管理，密切追踪客户需求并提供与之匹配的增值服务，确保客户始终满意，才能持续地将大客户做大、做深、做久。

需要注意的是，这9个阶段只是大客户开发过程中的9个关键节点，并不代表它们之间存在先后顺序，也有可能多个节点同时进行。比如销售特种兵在挖掘需求的同时，做好关键人私约。

换言之，这9个步骤执行的先后顺序并不重要，更重要的有两点。一是企业要对上面9个阶段的验收标准进行细化。例如，收集资料要达到什么标准？商务公关要达到什么程度才可以验收成果？……动作的颗粒度一定要足够细，才能保证每个阶段性成果的质量。二是企业要对9个环节进行培训和通关，以确保所有销售特种兵都具备取得阶段性成果的能力。以上两点决定了整个销售过程的效率，也是提高销售人员人效的关键。

当然，这9个阶段是我根据过去服务B端客户的经验总结出来的，各企业也可以结合自己的业务形态和成交路径，将大客户开发过程中的若干个关键节点提炼出来。同理，C端企业也可以对顾客的购买流程进行精细化设计。比如，京东从用户下单到拿到商品，将客户的购买流程分成17步，对每一步都详细地做了客户价值和效率点的设计，目的就是实现用户上午9：00前下单，同城中午12点能收到货，中午12点前下单，同城下午4：00前基本上就能收到货。

无论如何，只有整个销售过程透明化，每个大客户的开发进度才能一目了然，开发成果才能阶段性验收。即便开发过程中出现障碍，企业也能及时发现问题并快速调整，而不是等到失败后才回过头来“验尸”。

在辅导企业的过程中，我观察到许多企业存在大客户资源严重浪费的现象。比如，有些企业规定为了明确客户归属，一旦客户分配到某个销售人员手中，只要这个销售人员不离职，那么这个客户无论能否开发出来，都属于这个销售人员。这就会导致一种情况：这个销售人员花了5~10年时间都开发不出来，却依然把这个客户当成自己的私有财产，不许其他同事开发。这就造成了严重的客户资源浪费。

事实上，企业完全可以利用过程管理来激活这些客户资源。假设某位销售特种兵在经过高层的辅导后，仍然无法约到关键人，那么企业就可以按照过程管理的时间节点对其进行考核，果断把客户从该销售人员手中转出去，重新安排其他销售特种兵开发该客户。

前面我提到自己参加过180多场招投标，其中90多个客户是我亲自开发出来的，就是因为很多销售人员向我反馈见不到关键决策人，我只能亲自上阵。为了突破这些难点，我曾经在凌晨两点带着鲜花去虹桥机场接机；在客户孩子的生日会现场，我亲自带着销售团队到场做服务……这些都是大客户销售人员的工作日常。

动作量化

管理需要数学思维，只有数字化的管理，才是科学的管理。多年的管理经验告诉我，没有量化的管理都是不高效的管理，甚至是无效管理。因此，在我将怎么卖的动作拆解为9个阶段后，就能以终为始倒推出每一个阶段性结果的时间节点。有了这9个阶段的时间节点，企业就可以对整个销售过程进行阶段性考核。

值得注意的是，企业量化阶段性成果的时间节点一定要科学合理，要结合大客户开发的实际情况。我在这里只是展示一个模板，是为了启发读者理解过程管理背后的逻辑。在实际应用时，企业要结合实际情况来做量化。如果企业平均开发一个大客户需要3年时间，那么每个阶段性成果耗费的时间会更长。

成果考核机制及考核周期

量化完成后，企业还要匹配相应的考核机制及考核周期。很多企业家和高管总有一种顾虑：问责会不会导致销售特种兵的流失？许多人甚至企业希望取消问责制度。事实上，如果团队“一管就死”，那只能说明企业过去的管理太散漫了。员工只会做领导交代并检查的事情。领导检查越认真，员工执行就越认真。因此，当很多管理者向我抱怨员工执行力不强时，我会告诉他们，病根就在你自己身上。

管理不能回避考核，管理就是要奖罚分明。这是因为人本身就具有两面性：一面是天使，一面是魔鬼。管理就是要顺应人性的规律，放大天使的那一面，约束魔鬼的那一面。

如何才能做到这一点？管理者要抓住人性中趋利避害的特点，奖罚双管齐下，甚至要更加重视罚的手段。心理学研究表明，人类逃避痛苦的动力要比追求幸福的大4倍，这恰恰说明罚比奖对人的刺激性更大。

什么是好的管理？古代先贤几千年前就给出了答案。《孙子兵法》云："视卒如婴儿，故可与之赴深溪；视卒如爱子，故可与之俱死。厚而不能使，爱而不能令，乱而不能治，譬若骄子，不可用也。"这句话的意思是：将军像对待婴儿一样对待士卒，士卒就可以同他共患难；将军像对待自己的儿子一样对待士卒，士卒就可以跟他同生共死。如果将军厚待士卒却不用他们，溺爱却不用条令来约束他们，在士兵违法乱纪时不惩治他们，那么士兵就如同娇惯的子女一样，是不能用的。

严格管理才是真正有效的管理。如果销售特种兵在规定的考核期限内没有完成该阶段的任务，企业必须问责。管理必须形成闭环，既然企业前期分解出了具体动作，后期就要匹配相应的考核机制及考核周期。

还有一种情况是，企业虽然不回避考核，但考核机制完全是

“一刀切”的，用考核基础销售人员的方式来考核销售特种兵。比如，某企业要求所有销售人员每月至少完成10万元的销售业绩，连续三个月不达标则予以淘汰。这种机制只适合普通销售人员，这家企业如果对销售特种兵也是每月考核一次，三个月不达标就淘汰，那么大客户一定会越来越少。

为什么呢？这是因为大客户成交有周期性，如果这家公司成交大客户的平均周期是两年，那么销售特种兵开发大客户的前三个月内大概率会颗粒无收。为了不被淘汰，销售特种兵转而选择开发小客户，以保证自己先“生存”下来。如此一来，开发大客户的人就会越来越少。因此，销售团队的过程管理设计要科学合理，企业必须对员工进行分层分类管理，并制定不同的考核标准。

具体来说，如何考核销售特种兵呢？企业可以按照阶段性成果的难度对其进行考核。比如，销售特种兵在规定时间内没有完成信息收集，乐捐100元；在规定时间内无法完成关键人私约，乐捐200元……对于关键性动作和关键性成果，乐捐金额要高，因为这对最终结果的影响较大。

有老板问我：“销售特种兵收入高，如果他们根本不在乎这点乐捐，那问责制度不就失效了吗？”的确如此，我在管理中也遇到过类似的问题。因此，在设计过程管理时，我就已经将这个问题纳入考虑范围。

在表6–1的说明栏中有一行小等式：50元=1分。

这是什么意思呢？它表示，乐捐金额与销售特种兵的过程得分是有关系的。如果销售特种兵乐捐了100元，就等于他的过程得分被扣了2分，而过程得分会影响后续的星级评定，星级评定又与晋升、提薪、降级、淘汰等奖惩措施绑定在一起，这就形成了一个完整的闭环系统。

理解了过程管理的逻辑，我们再回过头来思考：为什么要做过程管理呢？从不同的维度来看，它至少满足了四种需要。

公司的需要。从公司的维度看，表6-1无异于一张大客户开发管理的导航地图。在企业设定了大客户战略目标后，接下来应该如何达成呢？这张地图描绘的就是达标路径，包含了大客户开发管理过程中的关键控制点。很多企业之所以难以达成战略目标，就是因为无法绘制出这张战略地图。事实上，这恰恰是营销部门管理者最应该下功夫的地方，它本质上是一条路径，可以让完成业绩指标变得更简单。一旦有了这张地图，销售特种兵就不会像无头苍蝇一样到处乱撞，成交就有了章法可循。与此同时，只要按照这张导航地图执行，整个大客户成交的过程都被记录下来，企业的大客户数据存档问题也就解决了。日复一日，企业的大客户数据也就积累起来了，这些基础的业务数据流也一定会为企业未来的数字化营销打下基础。

管理者的需要。我经常听到很多管理者抱怨不知道员工整天都在干什么，也不知道该从哪里管起。因为过去每个销售人员的销售过程都是一个“黑匣子”，管理者根本看不见里面有什么。一旦企业做好了过程管理，就相当于把“黑匣子”打开了。当整个销售过程变得透明化，管理者就能对员工的开发过程进行监督和帮扶管理。无论何时何地，管理者只需要打开这张表格，就可以看到：每一位大客户开发进展到什么程度了？销售人员在开发过程中是否存在方向性问题？遭遇了哪些难以跨越的障碍？是否需要公司资源的支持？……所有成交过程中的问题都能一目了然。一旦发现问题，管理者就能及时进行干预和指导。

员工的需要。从员工的角度来看，这张表格可以有效地培养销售人员的三种特性：计划性、习惯性和日常性。过去许多销售人员属于放羊状态，完全不知道自己应该做什么，也没有养成良好的工作习惯。无论是主动管理还是被动管理，这张过程管理表格都标明具体的工作任务。日复一日，它就可以有效地培养员工做事的计划性、习惯性和日常性，这将成为销售人员受益一生的财富。

客户的需要。从客户的角度来看，过程管理可以方便企业后续对大客户进行跟进、维护，强化服务体验。企业中经常会出现类似的乱象：某个销售人员离职后，由于之前没有做过程管理，导致客户需求信息没有存档。新人接手后，又要重新开始收集客户需求信息，令客户烦不胜烦。如果这家公司离职率高，就会给客户带来更不好的体验，影响后续合作。相反，如果企业前期过程管理到位，那么客户的历史信息和需求信息一目了然。新人只需要根据历史档案，继续提供服务即可，这样也能避免频繁打扰客户，将对客户的伤害程度降到最低。

坦率地说，虽然过程管理本身的价值不可估量，但以我的经验来看，这在企业试运行时，遇到的阻力通常会比较大，因为很多人都会抱怨每天填写表格太麻烦，倒不如将精力花在大客户开发上。如果企业走到了这个关口，我希望老板和营销负责人要认识到出现类似的抱怨是正常的。这就是人性！每个人都喜欢无拘无束，讨厌被约束；每个人都有路径依赖，讨厌变化。只要企业能坚持下来，度过磨合期，团队就会养成良好的习惯，过程管理的价值也会日益凸显。

以长风国际美业集团为例，创始人于董向我反馈："一开始很多管理者和员工都抱怨填写表格很麻烦。然而，经过5~6次团队学习，整个营销团队坚持下来了。一旦养成习惯，大家很快就看到了成果。之前销售人员进入公司后要半年才能上手，现在3个月就能上手，半年就能成为老手，一年成为高手。"

项目客服人员的过程管理

大客户管理需要三大部门联合作战。从人员配置上看，人数最多的是销售部，客服部次之，市场部最少。因此，我通常会建议企业对销售部和客服部进行过程管理，而市场部只需要在月大客户经营分析会上呈交市场月报即可。上一节分享了如何对销售特种兵做过程管理，这一节我来介绍如何对项目客服人员做过程管理。

过程管理是营销管理的地基，逻辑基本上大同小异。销售的主要功能是卖货，而客服的主要功能是服务客户。因此，项目客服人员也可以从服务谁、服务什么、怎么服务、动作量化、成果考核机制及考核周期五个维度进行设计（见表6–2）。

表 6-2 项目客服人员 1×5 过程管理

动作						
对象	服务谁	服务什么	怎么服务	动作量化	成果考核机制	考核周期
项目客服人员	公司已合作的项目制大客户	项目运营指保障项目正常运营	1. 项目客户拜访：为了保证项目正常持续运营，企业拜访客户的相关部门的工作人员，每次拜访不得少于 2 个部门、2 个人 2. 项目客户维护分析报告：为了保证项目正常持续运营，通过复盘每月的运营情况，进行综合性数据分析，做出维护分析报告，给到客户建设性指导建议，进而传递价值	1.4 次 / 周 2.1 月 / 次 量化要科学（结合客户实际情况）	1. 未完成乐捐 100 元 2. 未完成乐捐 400 元	周或月
说明：（1）每个阶段性动作未达标的，按照考核要求每月乐捐 （2）20 元 =1 分 （3）以"项目客户拜访""项目客户维护分析报告"动作为星级评定过程考核指标						

服务谁

项目客服人员的服务对象非常明确，即与公司达成合作的项目制大客户。

服务什么

项目客服人员负责项目运营，即保障项目的正常运营。至于具体的服务项目，需要企业结合自身的业务属性进行挖掘。以物流行业为例，服务内容包括下单、发货、查询、理赔等。

怎么服务

怎么服务是指为大客户提供服务的方式，最常见的服务方式有以下两种：

一是项目客户拜访。项目客户拜访的关键在于企业设计好拜访动作考核的标准。在实际操作过程中，我发现很多企业只设置了拜访数量标准，而忽略了拜访质量标准。没有清晰的动作标准，企业就无法衡量动作是否有效。

我曾经见过一家企业要求所有项目客服人员每周拜访大客户三次。那么，如何判断客服人员真的拜访客户了呢？这家公司出了一个招儿：要求员工提供拜访定位数据。结果很多人到了客户公司楼下，就坐在楼下的茶楼里喝茶，因为只要提交了拜访定位数据，就算一次有效拜访。

因此，在企业设计服务动作考核的标准时，还要考虑到考核的颗粒度，以及服务动作的数量和质量。企业要明确动作标准：项目客户拜访指的是为了保证项目正常持续运营，企业拜访客户的相关部门的工作人员，每次拜访不得少于2个部门、2个人。只有标准清晰，客服人员的动作才不会变形，成果才会有保障。

二是每月编制并提交一份项目客服维护分析报告。这是一份关于大客户维护运营的复盘报告，通过复盘每月大客户的运营数据，进行综合性分析，并给客户提出建设性的指导建议，进而传递价值。

动作量化

每个服务动作都必须量化：每周拜访客户4次；每月提交1次项目客户维护分析报告。

成果考核机制及考核周期

针对每一个服务动作，企业还要匹配相应的成果考核机制及考核周期。比如项目客服人员每周的大客户拜访有一次未完成，乐捐100元；每月的项目客户维护分析报告未提交，乐捐400元。同样，乐捐金额会换算成项目客服人员的过程得分，最终与其星级评定挂钩。

为了保障项目客服人员的过程管理落实到位，总部客服职能部门也要对项目客服团队进行抽查。表6–3是某公司项目客服人员的抽查表，供读者参考。

表 6-3　某公司项目客服人员的抽查表

抽查周期	抽查人数	抽查、记录内容	抽查要求	管理办法
每周或每月	1 人 / 项目组	1. 抽查客户沟通记录表是否填写标准、完整 2. 抽查目标事项是否明确，并符合规范 3. 抽查工作量是否达标（阶段性工作是否符合标准） 4. 抽查工作内容是否真实（是否真的跟客户电话沟通，是否真的拜访） 5. 抽查工作成果	1. 每周抽查每阶段的情况 2. 每周一下午 5 点前邮件公布于 OA 3. 未达标员工姓名出现在营销看板上	1. 若抽出虚假信息，造假者乐捐 500 元，第二次直接开除；直属上级乐捐 1 000 元 2. 若督导虚报信息或没有及时公示，则乐捐 500 元；营销中心副总裁乐捐 2 000 元；总裁乐捐 3 000 元 3. 第二次直接开除当事人

会议管理：周沟通会＋月大客户经营分析会

通过过程管理工具，企业已经将大客户开发管理的过程拆解出来了。但是，设计流程总是相对容易的，困难在于如何执行。如果将整个大客户开发管理过程分为9个阶段，那么什么是各时间节点的管理抓手呢？一个核心抓手就是会议管理。

过去在一线带团队时，如果没有特殊情况，我每月会定期召开两个关于大客户的会议：一个是销售特种兵的周沟通会；一个是月大客户经营分析会。

为什么要召开这两个会议呢？一是为了帮助管理者对开发进度进行追踪和辅导。值得注意的是，追踪的目的不在于考核，而是为了持续改进。二是通过会议的方式集思广益，碰撞出团队智慧，形成团队凝聚力。很多企业老板和销售部管理者自顾自地开发大客户，销售人员也各凭本事，每月回一趟公司，通报一下大客户的开发进度。长此以往，企业会出现一个问题：团队基本上是散兵游勇、各自为战。要摆脱这种状态，企业必须通过会议管理来凝聚人心。

如何做好会议管理呢？企业可以从周沟通会着手。

周沟通会

周沟通会也叫周碰头会，指销售特种兵每周碰头一次。在宅急送和顺丰时，我经常会发动针对大客户的销售战役。整场战役的作战周期短则一个季度，长则一年。

那么，这种战役怎么打呢？《管子·地图第二十七》中提到："凡兵主者，必先审知地图。"这里所强调的是作战地图的重要性。因此，每次战役前，我都会提前锁定100名大客户，并绘制出本次销售战役的作战地图。如表6–4所示，将所有大客户的开发进度放进去。

与此同时，每位销售特种兵还要绘制出个人的作战地图。如表6–5所示，销售特种兵要将每个大客户的名称、年需求总额、竞争对手品牌及其优势、开发进度、各月的销售收入一一列出来，并写下每个阶段性目标的开发措施。

表6-4 大客户作战地图（完整名单）

客户名称	责任人（团队）	开发进度									销售收入											
		信息收集	信息筛选	方案制订	品牌推介	挖掘需求	关键人私约	商务公关	合作签署	销售服务	1月	2月	3月	4月	5月	6月	7月	8月	9月	10月	11月	12月
A																						
B																						
C																						
D																						
E																						
……																						
……																						
备注																						

表6–5　大客户作战地图（单个客户）

客户名称	客户年需求总额	竞争对手品牌	竞争对手优势	开发进度									销售收入											
				信息收集	信息筛选	方案制订	品牌推介	挖掘需求	关键人私约	商务公关	合作签署	销售服务	1月	2月	3月	4月	5月	6月	7月	8月	9月	10月	11月	12月
A																								
开发措施（策略及时间节点）																								

每周五，销售特种兵团队会准时召开碰头会。会上，先由销售特种兵对照过程管理表格以及个人作战地图依次汇报：各位大客户目前开发到哪个阶段？按原计划各位大客户的开发现在应该处于哪个阶段？是否取得了阶段性成果？未达标的原因是什么？……

紧接着，团队要进行头脑风暴，共同找出达标的核心障碍。在这个过程中，有成功经验的同事会分享经验，当场给出指导性意见。

整场头脑风暴可以分为以下4个步骤。

第1步：由公司营销中心副总裁的助理通报上周每一位销售特种兵的业绩及其小组排名。

第2步：首先，在团队中选择上周表现最好的两位销售特种兵作为代表，请他们分享他们的成功经验；其次，再选择表现较差的两位销售特种兵作为代表，请他们总结开发大客户的教训。所有代表分享完后，再由营销中心副总裁、销售特种兵项目组组长以及销售特种兵教官现场做点评。

第3步：由公司领导总结此次大客户开发过程中出现的共性问题，并选择一两个问题作为典型案例，现场提炼方法论。在分享和点评的过程中，所有销售特种兵必须做好笔记。

第4步：由营销中心副总裁做下一阶段的工作部署。值得注意的是，下周的碰头会开始前，企业要先检查上一周布置的工作的成果。

以上就是每次头脑风暴会的基本流程。

2004年，我在宅急送华东地区发起了一场大客户销售战役，锁定了金融、服装、电子和代收货款四大领域的数十名大客户。战役打响后，所有销售特种兵每周都要回上海总部开碰头会。会上，我发现几乎每次都只有一半人可以达到预期进度，另一半人无法达标。

我至今还记忆犹新的一个小细节是：有一个项目组一直卡在关键人私约的环节上，始终无法见到客户企业的总经理。于是，我邀请成功面见总经理的项目组分享他们的经验：如何约到客户的总经理？用了什么话术？这个过程中要注意哪些要点？紧接着，由我亲自扮演客户企业的总经理，现场对未达标的项目组进行通关，从而帮助这个项目组快速突破了关键人私约的障碍。

因此，每周开一次碰头会的目的是：第一，汇报每个大客户的开发进度，了解每个大客户开发的进展是否顺利；第二，通过头脑风暴、群策群力，给没有达标的同事出谋划策；第三，有针对性地对销售人员的障碍做通关，以提升销售特种兵的能力。也就是说，周碰头会既是一次开发进度汇报会，也是一次头脑风暴会，更是一次绝佳的通关培训会。

利用周碰头会的机会，每个团队成员都能及时地总结失败的原因，并从成功案例中汲取经验，从而找到突破障碍的方法。因此，碰头会必须坚持集思广益、择优从善的原则，要充分发挥集体智慧的力量。周复一周，这样不仅可以增加团队的凝聚力，还能让团队成员在切磋中实现共同进步。

最后，再由领导人做总结，并布置下一阶段的工作任务。会议结束后，企业还要做好会后跟进工作。在下一周的碰头会上，领导人首先要对上周布置的工作任务进行复盘：经过一周的努力，大客户的开发障碍是否有所突破？如果已经进入下一个阶段，那就说明大家讨论出来的方法是有效的；反之，如果没有突破，那么团队再回过头来找原因和对策，并辅之以通关测试。如此循环往复，销售特种兵团队的作战能力就会随之提升。

月大客户经营分析会

前面提到，市场部、销售部和客服部要联合作战，那么这三大部门是如何建立协作关系的呢？关键就是月大客户经营分析会。也就是说，与大客户开发管理有关的三大部门的成员都必须参加月大客户经营分析会。

出于工作的原因，我也参加过不少企业的月大客户经营分析会，在会上，我看到许多老板和高管缺乏基础的统计数据和一手资料，完全凭经验和感觉做决策。这充分说明这些企业的管理基本功不扎实。如果一家企业不懂得利用数据做决策，那么管理是做不好的。

一个有效的月大客户经营分析会，一定是从分析所有大客户的经营数据开始的。数据包括：在过去的一个月里，成功开发了哪些客户？产生了多少收入或毛利？正在开发哪些客户？预计什么时候签单？哪些客户还没有开发成功？没有开发成功的原因是什么？目前处于销售过程的哪个阶段？

企业要对大客户的状态进行深度分析，并布置下一阶段的任务：针对已经开发成功的客户，客服部门如何进行维护？怎样才能挖掘出客户更多的需求，将客户做大？对于那些马上要开发成功的客户，各个部门需要怎样配合？对于开发进度不达预期的客户，成交过程中出现了哪些障碍？是产品的问题，还是销售的问题？如果是公司的产品不匹配客户的需求，那么市场部要介入，根据客户需求重新设计产品及服务；如果是销售的问题，那么销售人员要找到突破方法和应对之策。总而言之，企业一定要将每个客户的状态分析透彻，并找到行之有效的解决方案。

接下来，由客服部汇报上一个月老客户的情况：哪些老客户的交易金额提高了？哪些老客户的交易金额固定不变？哪些老客户的交易金额下降了？哪些老客户流失了？基于此，三个部门共同分析：哪些因素导致客户的交易金额提高或下降？尤其是针对出现下降趋势和流失信号的大客户，三大部门要从各自的角度深刻反思背后的问题：是产品不匹配客户的需求，还是市场已经发生变化？企业要采取哪些措施来应对这些变化，才能重新把客户拉回来？今天很多企业对于大客户的交易金额下降和流失反应非常迟钝，甚至客户流失了也无人问责，这些都是管理上的漏洞。企业不能眼睁睁地看着客户流失，而是要想方设法将客户重新拉回来。因此，如果企业不能定时召开月大客户经营分析会，不持续跟踪和观察客户动态，分析客户变动的原因，并安排三大部门合力商讨出对策，那么客户的全生命周期管理就无从谈起。

最后，还要形成会议纪要，尤其是对下一步的工作部署，要细化到部门，到人，到时间节点。下次会议的第一件事，就是根据上次会议的会议纪要，复盘所有工作是否落实到位，并对于未落实到位的人进行问责，只有这样才能形成一个会议管理的闭环。而这个会议管理闭环的背后，更是一个完整的过程管理闭环。

第七章
精机制：晋升及薪酬机制设计

什么样的机制，塑造什么样的人才

再好的顶层设计，也要靠人来落地执行。培训通关和过程管理解决的是员工能力问题，但员工能力不等于员工意愿。组织行为学告诉我们：个体为什么愿意为组织目标做出贡献？一定是因为目标的实现让组织与个体都获得了满足感。个体只有获得了满足感，才愿意去主动协同，实现组织目标。

如何激发员工的意愿呢？这就是设计激励机制的目的。没有激励机制，人才的“才”是发挥不出来的。

什么是机制？机制一词最早源于希腊文，其本意是指机器的构造和工作原理。激励机制就是基于人性的底层规律而设计的一套规则，以激发每个人的内在自驱力，进而帮助企业实现组织目标。机制的背后是人性，而管理要基于对人性的分析，理解人的需求、动机、行为规律，这是管理学最底层的逻辑。

许多国内企业在管理机制的设计上是欠缺的、落后的，有些企业的机制设计甚至是反人性的，会将人性中恶的一面诱发出来。尤其是营销部门，如果没有在机制设计上下功夫，只采用最传统的工资制度和提成制度，也没有打通销售人员的晋升通道，就会导致企业的人才难以涌现出来。因此，对于处于成长期的中小企业而言，优化激励机制是刚需。

企业如果只盯着业务目标，不注重背后的机制设计，那么短期之内可能吃到市场红利，却无法让员工产生持久的动力。因为好的机制会塑造人才，企业有什么样的机制，就会塑造什么样的人才。好机制会把懒人变成奋斗者，而坏机制只会把奋斗者变成老油条。

正如一句古话所说："小智者治事，大智者治人，睿智者治法。"这句话的意思是：好的管理者不会自己去做事，甚至不管人，而是建立一套好的规则。这里的规则就是机制的另一种说法。

幸运的是，在职业生涯中，我遇到过不少善于设计机制的大企业家，其中就有我的老东家顺丰的创始人王卫。王卫在被媒体问及管理顺丰几十万名员工的方法时，回答道："我用的是一种'土鳖式'的管理方法，即回归到人性上对其进行管理。人性需要什么，你就给员工什么。员工需要公平，你给他们公平；员工需要多劳多得，你要帮他们算得清清楚楚。尊重、照顾和发展机会都要给他们。不过，这样的给予要有底线，如同父母不能过度宠爱孩子，有时也要'狠心'。我并不是百分之百赞同使用刻板的机制管理员工，但我觉得自己平时舍得下血本，也有一股狠劲。增加偷窃成本是顺丰抑制员工偷窃行为的方法之一。然而一旦出现'非黑即白'的事件，顺丰也是‘打得狠狠的’——在公司内部用‘奖金猎人’的方式调查员工是否有偷窃行为。人就是这个样子，追求快乐、逃避痛苦。掌握人性，以人性化的思维设计管理方法，其实并不是件特别了不起的事情。”

许多企业每年都有很多员工进进出出，为什么那些员工满怀憧憬地进入公司，一段时间后却离开了呢？原因很简单，要么是受到了不公平的对待，要么是公司不能满足他们的需求。遗憾的是，很多离职员工所需要的东西并不是公司给不了，而是公司不知道他们要的是什么。在数十年的职业生涯中，我非常注重对这个问题的思考，也善于捕捉人性、机制和驱动力之间的关系，我会反复探索每一种机制设计给团队带来的情绪和动力，还会剖析每一种情绪和动力的生成机理，拆解每一种机制是如何回应和满足人性需求的。

激励的本质是有效地管理各种资源，打造一套公平公正的规则。管理的公平公正是对人最大的尊重，而公平公正的体现依赖于制度。更具体地说，从员工角度出发，企业要打通团队的晋升机制和薪酬机制，有一套公平、透明的分钱机制和分权机制。通俗地讲，整个营销团队从营销中心副总裁到下面的分公司总经理、销售总监、销售经理、一线员工，每个人应该拿多少报酬？谁能够得到晋升？这些都不能靠拍脑袋决策，而是依赖于一套科学的评价体系。从客户的角度来看，企业也要想方设法地激发与大客户持续成交的动力。本章我们就沿着这两条路，探索几个核心激励机制的设计逻辑。

区域销售特种兵的星级评定

在与许多企业家交流的过程中，我发现最让他们头痛的不是绩效机制，而是晋升机制。我经常会问他们：你的企业依据什么标准来晋升员工呢？得到的答案无外乎是凭业绩、凭经验、凭资历、凭学历、凭感觉、凭关系。这些晋升方式通常会带来一个副作用：提拔了一个人，却得罪更多人。其他人都在质疑：凭什么是他，而不是我？

恰如管理大师彼得·德鲁克所言："人员安排和晋升是最关键的人员决策。最重要的是它们必须经过深思熟虑，并且有明确的政策和程序，还要非常公正和平等。这些决策绝不能以个人看法和个人潜力为基础，而是必须始终以按照明确的目标所确定的实际绩效记录为依据。事实上，晋升决策可以向员工表明管理者真正的价值观和信念，同时决定着未来的高管层。"

在咨询中，我还发现了一个规律：那些经常向我抱怨缺少人才的企业，通常都没有清晰的晋升标准。因为晋升标准是一家企业的灯塔和风向标，它代表着企业真正信奉的价值观，所以，有什么样的晋升标准，企业未来就会涌现出什么样的管理者和员工。

如何设计一套科学的晋升标准呢？这需要企业有一套评估员工价值贡献的机制，并且这套机制要公平、公正、透明。幸运的是，在带领一线团队的18年间，我和团队一起摸索出一套星级评定标准。到目前为止，这套标准是我在实战中看到的最能让销售人员信服的一套价值评价标准，因为它从三个维度来衡量一名销售人员的价值贡献。

- **业绩指标。**业绩指标本质上是指把公司目标分解为个人目标，把公司利益分解为个人利益。因此，业绩指标是评价一名销售人员价值贡献的结果指标。
- **过程指标。**许多企业的评价体系只有一个业绩指标，这就使其落入了唯结果论的陷阱。成熟的管理者都明白：没有好的销售过程，就不可能有好的销售结果。业绩指标只能代表过去，无法保证未来业绩的可持续性。企业只有同步关注销售过程指标，才能保证结果的可持续性。
- **通关指标。**业绩指标解决的是“做什么”的问题，过程指标解决的是“怎么做”的问题，而通关指标解决的是“会不会做”的问题。通关指标是在结果和过程的维度上，增加了一个专业的维度。专业度是销售人员的立身之本，销售人员如果没有扎实的专业技能，那么即便偶尔开发出了大客户，其未来业绩也是不可持续的。

过去，很多企业习惯于只考核销售团队的业绩贡献，而这种评价方式最大的问题就是会导致业绩不稳定。现在，企业通过对业绩指标、过程指标和通关指标的综合考察，既保证了以业绩贡献为导向的评价体系，又创造性地将过程管理和专业能力都纳入考核机制，从而将过程管理不达标的怠惰者和专业能力不达标的幸运者淘汰出局，进而保证了业绩的可持续性和稳定性。

具体来说，如何设计销售特种兵的星级评定标准呢？

企业要根据销售特种兵的团队规模来设定星级评定的等级。一般来说，团队规模大于20人应参与五星评定，团队规模在3到20人之间应参与三星评定。

在时间周期上，销售特种兵可以每半年参与一次评定。为什么要采用半年度评定法呢？因为大客户的开发周期比较长，短则三个月到半年，长则三五年。如果像普通销售人员一样每季度参与一次评定，那么许多销售特种兵还没有产出业绩就被淘汰了。而每年评定一次，反馈周期又太长。因此，每半年评定一次比较合理。

表7–1是某企业销售特种兵的三星评定标准。以此为例，我来说明一下星级评定背后的逻辑。

表7–1　某企业销售特种兵的三星评定标准

三星评定标准（半年度）					
星级	毛利润（万元）	总回款（万元）	过程成绩（分）	通关成绩（分）	评定工资（元）
三星级	600	2 000	90	90	15 000
二星级	420	1 400	80	80	12 000
一星级	300	1 000	70	70	10 000
备注： 1. 通关成绩：含笔试和情景模拟通关的成绩； 2. 过程成绩：半年内销售特种兵过程考核得分值					

业绩指标

这家企业的业绩指标分为毛利润和总回款两个考核指标。在设计业绩指标时，企业必须遵循以下五个基本原则。

原则1：星级越高，指标越高

销售特种兵的星级越高，需要承担的业绩指标也相应越高。如表7-1所示，无论是毛利润还是总回款指标，从一星级到三星级的目标值都是逐步递增的，且增幅越来越大。这是因为星级越高，达成业绩目标的难度就越大。以毛利润指标为例，这家企业一星级与二星级之间的评定差距是120万元，而二星级与三星级之间却相差180万元。

原则2：星级越高，人数越少

很多企业家和管理者错误地认为：星级评定是对所有员工进行分类，并给每个销售人员贴上不同星级的标签。恰恰相反，企业要让相当一部分销售特种兵评不上星级。星级是稀缺的荣誉资产，是企业铸造的一枚供内部使用的价值货币。通过星级评定，企业能更直观地看见每个人对组织的价值贡献，这些贡献会以星级的方式外化为一枚“星级徽章”。这是一种地位象征，员工能体会到价值感和成就感。从某种程度来说，这是企业提供给销售特种兵的另外一份奖励。

经常有管理者向我请教：“现在的员工越来越难带了，许多员工家境富裕，他们工作根本不是为了钱。针对这样的员工，企业应该如何去激励他们呢？”

对于成长于小康家庭的新生代而言，物质激励的效果可能会变得越来越弱。反而像星级这样的价值货币对员工来说更有吸引力，带来的激励效果更持久，甚至可能会超越金钱的效果。所以，在设计奖励机制时，企业不能忽略星级本身就是无形的荣誉资产这一点。企业要摆脱发奖金这种传统的单一激励模式，通过机制设计来激活员工的荣誉感。

具体而言，各星级销售特种兵的比例应该如何设置呢？我可以提供一个可参考的比例区间：

- 三星级销售特种兵比例为5%~10%。
- 二星级销售特种兵比例为10%~20%。
- 一星级销售特种兵比例为20%~30%。

原则3：衡量指标为回款额和毛利润、大客户订单个数及三大率

在选择衡量指标时，大多数企业会选择销售收入。实际上，业绩的衡量指标可以更灵活一些。企业想要什么，就以什么为衡量指标。在这里，我介绍三种最常见的衡量指标。

第一种是回款额和毛利润。

如表7–1所示，这家企业就选择以回款额和毛利润为衡量指标，而这也是最常见的一种衡量方式。

为什么建议企业考核回款指标而不是收入指标呢？企业考核这一方面是为了让销售特种兵重视大客户的应收账款。如果产品卖出去了，钱却没有收回来，那么一切等于零。

有管理者提出过质疑："如果按照总回款来计算提成，那么有些销售人员的销售额很高，但客户还没有回款，销售人员就没有经济来源，这种情况该怎么办呢？"这个问题可以灵活处理：先评估这位员工是否稳定，企业如果确定员工没有离职打算，就可以提前预支一部分提成，等到客户回款后再发放剩下的提成。如果员工中途离职，企业就要及时追回预支的提成。

毛利润也是企业常用的考核指标。为什么我不建议企业考核净利润指标呢？原因有两点。

一是净利润计算起来非常复杂。许多考核净利润的企业的员工向我反馈：他们每个月能拿多少钱都是未知的，因为他们根本不知道公司是如何计算提成的。这就严重打击了销售人员的积极性。对于一线销售人员而言，考核指标一定是越简单越好，因为这样越容易见利，激励性也越强。

《孙子兵法》中有一句话："取敌之利者，货也。"意思是要想使士兵勇于夺取敌方的军需物资，就必须以缴获的财物作为奖赏。杜牧对这句话的注解是："使士见取敌之利者，货财也。谓得敌之货财，必以赏之，使人皆有欲，各自为战。人知胜敌以厚赏之利，则冒白刃、当矢石而乐以进战者，皆货财酬勋赏劳之诱也。"面前放着多大的诱饵，士兵冲锋时就有多大的动力！在激励机制的设计上，企业永远不要违反人性。

二是出于保护商业机密的目的。人性是经不起考验的，我见过太多销售人员在对公司产品的利润了如指掌后，选择离职创业，这对公司来说也是一种巨大的伤害。

第二种是大客户订单个数。

一家电商企业为了快速增加大客户数量，主要考核销售特种兵的两个关键业绩指标：一是大客户订单个数；二是大客户转介绍的订单个数。

有人可能会疑惑：为什么要考核大客户转介绍的订单个数呢？这说明这家企业的核心营销目标是大客户转介绍，其目的是引导销售特种兵在大客户转介绍上重点发力。

如果企业的考核指标是大客户订单个数，那么它必须提前在金额和时间两个维度上设置门槛：一是设定金额标准，比如单笔交易金额在1万元以上才算是一个合格的大客户订单；二是设置时间门槛，比如双方合作周期超过3个月才算是一个合格的大客户订单。反之，如果客户在合作两天后就流失了，该订单就不能算是合格的。

第三种是三大率。

除了回款额、毛利润和大客户订单个数，衡量指标还有三大率，即目标完成率、增长率和市场占有率。

假设一家门店型企业在区域市场已经深耕数十年，当地的大客户已经被开发完，那么针对这种成熟市场，该企业可以选择考核员工的目标完成率，比如三个星级的业绩目标值从高到低依次设定为120%、100%、90%。

相反，如果企业所开发的市场还处于成长期，那么企业可以选择考核增长率。增长率一般分为两种情况：一种是同比增长率，即今年相比去年同期的业绩增长率；另一种是环比增长率，即这个月或这一季度相比上个月或上一季度的业绩增长率。

此外，企业也可以选择考核市场占有率。不过，考核市场占有率有一个前提：企业的市场部发育成熟，且行业数据完善。

企业如何选择合适的考核指标呢？这取决于以下两点。

一是企业的销售类型，不同销售类型的企业衡量业绩的方式不同。比如，门店连锁型企业比较适合以目标完成率来衡量业绩，因为线下门店通常受位置限制，不太容易扩张市场；而电商企业则更适合以市场占有率来衡量业绩，因为电商行业属于赢家通吃型行业，往往是一家独大，行业中其他企业的生存空间都不大。这是由销售类型的特性决定的。

二是业务本身的生命周期。如果企业当前正处于初创期或高速成长期，那么这一阶段的首要任务是提高业绩收入。此时，企业应该考核增长率。相反，如果该项业务已经进入成熟期甚至衰退期，市场空间已趋于饱和，企业就应该考核销售人员的目标完成率。

总而言之，选择哪一个指标作为业绩的衡量标准，这个问题是没有标准答案的，企业一定要结合自身特性和战略需求来综合判断。企业只需记住一个原则：考核指标本质上是企业的指挥棒和风向标。

原则4：定格二星级

考核指标确定下来后，企业就要确定各星级的指标值。各星级的指标值应该如何确定呢？企业首先要确定二星级销售特种兵的指标值（如果是五星评定，则确定四星级的指标值）。

如何确定二星级销售特种兵的业绩指标值呢？企业要从以往销

售数据中找答案：将上一年度销售特种兵的业绩标杆找出来，然后用其业绩（包括总回款和毛利润）除以2，则得到二星级的指标值。假设某企业上一年度的业绩标杆的总回款为3 400万元，那么二星级的总回款指标值就应设定为1 700万元。同样，毛利润指标值的设计也遵循相同的逻辑。

在这里我需要解释一下：为什么用上一年度的业绩标杆来确定二星级的指标值，而不是三星级的呢？因为企业要为新的业绩标杆留出增长空间。

对于大多数企业来说，这个简单的公式就够用了。但在实际操作过程中，可能还存在一些特殊情况。比如，曾经有企业在核算二星级的指标值时，发现一个棘手的问题：这家企业的总回款标杆是一位特别厉害的销售特种兵，一个人几乎完成了公司一半以上的销售额。如果企业按照这位销售员的业绩来设计二星级的业绩指标值，那么其他销售特种兵都不可能达到二星级的标准。

此时，这家企业就不应该以这位标杆的业绩来确定二星级的指标值，而是应该以第二名的业绩来确定。既然上面这位标杆销售员已经达到了战略特种兵的水准，企业就可以将其抽调出来，专门负责战略大客户的开发。如果类似的销售特种兵比较多，企业就可以单独成立一个战略特种兵团队，再设计一套战略特种兵的星级评定标准。

原则5：结合年度销售目标及人员规划

二星级业绩指标值确定后，一星级和三星级的业绩指标值应该如何确定呢？这就引出了第五条原则——结合年度销售目标及人员规划。

确定二星级业绩指标值后，企业接下来就可以结合年度销售目标以及具体的人员规划，将年度总目标分解到各个星级指标上，具体公式如下：

三星级指标＝年度大客户业绩挑战目标 ÷ 2 ÷ 特种兵团队的转正人数

一星级指标＝年度大客户业绩合理目标 ÷ 2 ÷ 特种兵团队的转正人数

过程指标

过程指标是以过程得分来衡量的。在上一章有关销售过程管理表格（表6-1）的说明栏里，我写了“50元=1分”。这个有什么用处呢？企业要将过程管理中的乐捐金额转化为分数。比如，如果某企业要求三星级销售特种兵的过程得分达到90分，那么这意味着过程管理扣分不得超过10分。也就是说，三星级销售特种兵半年内的过程管理乐捐不得超过500元。否则，即便其业绩指标达到了三星级的标准，他仍然无法被评为三星级销售特种兵。

通关指标

通关包括大通关、中通关和小通关，这里所说的通关指标指的是销售特种兵在大通关中所获得的分数。通关得分由线上通关和线下通关两部分组成，如果该公司设定线上通关和线下通关的权重各占50%，那么根据线上通关分数和线下通关分数，企业就可以计算出销售特种兵的通关得分。

星级评定的逻辑是木桶原理。也就是说，假设某销售特种兵的业绩得分达到了三星级标准，过程得分仅达到了一星级标准，而通关得分达到了二星级标准，那么最终他只能被评为一星级销售特种兵。这种设计是为了让销售特种兵在业绩表现、过程表现和专业表现上实现全面发展。

战略特种兵的星级评定

通过前文的解析，我相信大家对星级评定标准的设计逻辑已经比较了解了。接下来，我们再来参考另一家企业对战略特种兵的三星评定标准。

战略特种兵专门负责开发全国甚至全世界的招投标大客户，是一支销售精英团队。如表7–2所示，这家企业的星级评定逻辑与前文并无二致，只是在业绩指标的设计上放弃了毛利润指标，代之以新增业绩指标。

表7–2　某企业战略特种兵的三星评定标准

三星评定标准（半年度）					
星级	新增业绩（万元）	回款业绩（万元）	过程成绩（分）	通关成绩（分）	评定工资（元）
三星级	600	4 000	90	90	20 000
二星级	420	2 800	80	80	17 000
一星级	300	2 000	70	70	15 000
备注： 1. 通关成绩：含笔试和情景模拟通关的成绩； 2. 过程成绩：半年内销售特种兵过程考核得分值					

这家企业为什么要考核新增业绩呢？这说明战略特种兵的核心任务是攻城略地。既然其使命是开发超级大客户，那么企业在考核机制上就要以新增业绩为考核指标，只有这样才符合一致性原理。

有企业家问我："如果战略特种兵团队的规模比较大，团队里有不少管理者，那么企业能否对战略特种兵团队的管理者进行星级评定呢？"答案是肯定的。

那么，管理者的评定标准和战略特种兵的有哪些不同呢？

底层逻辑仍然是相通的，管理者也要接受业绩指标、过程指标和通关指标三个维度的评估。不同的是，对于管理者来说，业绩指标考核的是团队业绩，而不是个人业绩；过程指标考核的不是开发客户的过程得分，而是管理者的人才指标，因为管理者的工作职责不是自己开发客户，而是带领团队完成业绩目标，所以管理者的过程指标考核重点在于团队的人才发展；通关指标考核的不是专业得分，而是管理者的述职得分。这三大指标构成了管理者的星级评定标准。

项目客服人员的星级评定

销售攻城，客服守城。这种相互协作关系就如同中国历史上的战时体制：武将攻城，文官守城。因此，企业必须要建立守城的项目客服团队。

企业既然组建了项目客服团队，那么也要对项目客服团队进行星级评定。项目客服人员星级评定的底层逻辑与销售特种兵的也是相通的，那么，二者的主要区别体现在哪里呢？其实二者的考核指标有所不同，这是由部门职能决定的。

业绩指标

今天大多数企业用什么指标来考核客服部呢？最常见的考核指标是客户满意度。但是，客户满意度本质上只是一个过程指标，考核的结果指标应该是业绩指标，因为客户满意度最终会体现在业绩增长上。

企业的业绩增长来自两个方面：一是新客户的业绩增长；二是老客户的业绩增长。考虑到分工的不同，新客户的业绩增长应由销售团队负责，而老客户的业绩增长就要由客服部负责。如果一家企业的新客户业绩增长率非常高，而老客户业绩没有增长，这就说明这家企业一直靠开发新客户来增长业绩，而在老客户留存方面出现了问题。这就好比我在给一个漏木桶加水，要想保持相同的水位，我就需要不停地加水，这是一个恶性循环。因为从成本的角度来看，新客户的开发成本是老客户维护成本的5~6倍，所以老客户的投入产出比更高。从这个角度来看，客服部比销售部更重要。

因此，企业应对销售特种兵考核新客户的新增业绩，而对项目客服人员考核老客户的维护业绩。如表7–3所示，该企业对项目客服人员主要考核两个关键指标：一个是维护新增业绩；另一个是维护总业绩。

表 7–3　某企业项目客服人员的三星评定标准

三星评定标准（半年度）					
星级	维护新增业绩（万元）	维护总业绩（万元）	过程成绩（分）	通关成绩（分）	评定工资（元）
三星级	600	3 000	90	90	15 000
二星级	400	2 000	85	80	12 000
一星级	300	1 500	80	70	10 000
备注： 1. 过程成绩：半年内过程考核得分值； 2. 通关成绩：笔试 + 实战模拟通关 + 客户满意度评分					

过程指标

项目客服平台也要参照项目客服人员的过程管理表格计算出来的过程得分。如前所述，该企业项目客服人员的服务动作标准有两个：一是每周拜访四次老客户，这里说的拜访是维护拜访，而不是开发拜访；二是每月提交客户维护分析报告。项目客服人员如果没有达标，就要按照考核机制进行乐捐，企业再将乐捐金额体现在过程得分上。

通关指标

项目客服人员同样需要进行大通关，通关得分由线上通关和线下通关组成，两者权重可以自行设计为5∶5或4∶6。线上通关考核的是项目真经中关于客户服务的内容，而线下通关考核的是大客户维护，包括拜访维护和客群关系处理等。

以星级定激励机制

星级是衡量一名员工价值贡献的标尺。一旦企业有了这个标尺，所有的激励机制和约束机制都可以基于这个标尺来设计。企业设计这个标尺是为了更公平、更透明地分配企业的激励资源。具体来说，如何将星级与激励机制、约束机制挂钩呢？

以星级定基本工资

基本工资是薪酬的一个重要组成部分，也是被营销部门严重忽视的一个重要激励资源。

在我所接触的大多数企业中，销售人员的基本工资设定通常是“一刀切”，无论是刚入行的新人还是工作了十年的销售精英，所有人的基本工资都是一样的。这就造成一种非常尴尬的局面：新人觉得公司没盼头、没前途；老人觉得不公平，明明自己的贡献更大，却还领着和新人一样的工资。

德鲁克在《管理》一书中对薪酬的定义是：“薪酬是企业的成本，是领薪者的收入。它还能体现领薪者在企业内部和社会上的地位。它是判断领薪者的价值大小和绩效好坏的依据。它还关系到员工是否觉得公平、公正和平等。”对此，我深表赞同，并建议企业以星级来确定基本工资，将销售特种兵的价值贡献与基本工资挂钩。

基本工资的设计应该遵循以下三个基本原则。

原则1：梯度原则

梯度原则是指企业在设计薪酬的过程中，应该适当地拉开员工的薪酬差距，使得各星级员工的基本工资呈阶梯状。在设计薪酬时，企业应按照不同星级进行差额设计。星级越高，差距就越大。

此外，各星级之间的差额设计还必须合理，要对员工产生吸引力。如果每个星级之间仅相差一两百元，基本工资设计的激励性就会大打折扣。当然，薪酬设计也不可矫枉过正。各星级差额太大也会造成另一个问题，而这就涉及封顶原则。

原则2：封顶原则

在设计销售特种兵的薪酬标准时，我建议让区域销售特种兵享有销售经理级别的待遇，战略销售特种兵享有销售总监级别的待遇。但他们的薪酬设计也要遵循封顶原则。

封顶原则是指企业三星级区域销售特种兵的工资不得高于一星级战略销售特种兵的工资。同理，三星级区域销售特种兵的工资也不得高于其上级管理者的工资，其他层级及岗位以此类推。原则上，企业只能允许个别非常优秀的销售人员的总收入超过其上级管理者的，大部分销售人员的总收入都不能超过其上级管理者的。

为什么要遵循封顶原则呢？因为我发现许多企业都存在一个问题：优秀的业务员都不愿意进入管理层。这背后的原因有两点：一是由于企业没有完善的管理系统，管理者不仅要做业务，还要处理繁重的管理工作，实在难以两头兼顾；二是薪酬机制出了问题，管理者的薪酬还不如做得好的业务员。相比之下，当然没有销售人员愿意做管理者。长此以往，企业的管理人才就会断档，企业永远只有几个老人在做管理，培养不起来新人。

原则3：内外原则

梯度原则和封顶原则是从内部视角来进行薪酬设计的。但是，薪酬设计不仅要向内看，更要向外看。因为所有企业都是在和外部同行抢人，所以外部同行也是薪酬设计的一个重要参照物。

只有一流的工资，才能吸引一流的人才；只有一流的人才，才能成就一流的企业。尤其是在人才竞争比较激烈的行业，想要打造人才高地，企业更要设计出超越外部同行的薪酬体系。因此，在设计薪酬体系时，企业要充分调研并参考同行的薪酬待遇，设计出具有吸引力的薪酬标准。

理解以上三个基本原则后，企业可以根据实际情况对其进行灵活应用。

以星级作为晋升标准

经常有老板向我吐苦水："为什么时间一长，好多销售人员都变成老油条了呢？"这个问题的背后，是企业的晋升机制出了问题。老员工之所以变成老油条，是因为他们发现自己的回报和付出不成正比。他们即使再努力，也没有晋升的空间，没有出头的机会。所以，聪明的老板要给员工搭建好晋升阶梯，每个人能爬到什么岗位，个人能力说了算！

晋升阶梯该怎么搭建呢？企业可以用星级作为晋升标准。连续两次达到四星级的普通销售员，可以竞聘一星级区域特种兵；连续两次达到三星级的区域特种兵，可以竞聘一星级战略特种兵。从普通销售员到区域特种兵，再到战略特种兵，这就是销售专业线的晋升路径。

以此类推，企业还可以设计出项目客服团队的晋升机制，打通基础客服人员与项目客服人员之间的晋升通道。

以星级作为淘汰标准

晋升机制是为了让有能力、有贡献的人显露出来，而淘汰机制是为了把能力差、贡献小的人挤出去。企业和人一样，也会有新陈代谢，要想保持营销队伍的战斗力，企业就必须设计相应的淘汰机制。

过去，企业会专门设计一套独立的淘汰机制，现在，企业只需要将淘汰机制与星级挂钩：对于1~2次评不上星级的员工，采取末位淘汰制，将其从战略特种兵降级为普通销售员。至于具体淘汰最后几位，企业可以根据实际情况来确定。人才密度大，淘汰机制就可以设计得严苛一些；人才密度小，淘汰机制就宽松一些。尺度如何把握，完全凭企业的情况。

销售提成：分层设计+阶梯提成

营销团队的薪酬通常包括两个部分：基本工资和销售提成。企业将星级评定与基本工资挂钩，能解决基本工资一刀切的问题，那么销售提成应该如何设计呢？

很多企业设计销售提成的思路是“低底薪+高提成”，以最大限度地激发销售人员的“狼性”。然而，这种一刀切的模式并不适合销售特种兵团队。

在《市场营销》一书中，营销大师菲利普·科特勒提到一种趋势：“越来越多的公司不再使用高佣金激励计划，因为这很容易使销售人员在业务上追求短期效益。管理者担心，过分追求短期效益的销售人员会对顾客逼得很紧，从而破坏企业与顾客的关系。相反，各个公司现在设计的薪酬计划旨在鼓励那些建立持久顾客关系和追求长期顾客价值的销售人员。”这与我从实践中获得的感悟不谋而合，“低底薪+高提成”机制确实会产生急功近利的负面效果，这与大客户战略必须秉持的长期主义思想是相悖的。

我先后管理过三支不同的销售团队：普通销售团队、分公司项目团队（区域特种兵团队）以及总部战略特种兵团队。这三支团队的提成机制是不同的，没有一刀切。针对三种不同的销售团队，企业要分层设计薪酬机制：针对普通销售团队，可以设计“低提成+高底薪（系数）”的机制；针对区域特种兵团队，要采用“中底薪+中提成（系数）”的机制；针对战略特种兵团队，则要设计“高底薪+低提成（系数）”的机制。

在调研企业的提成机制时，我还发现许多企业在提成设计上会陷入两个比较常见的误区。

无限提成与有限提成

在与许多企业家交流时，我惊讶地发现：不少企业都采用无限提成制度。什么是无限提成制度？它意味着销售人员一旦成功开发出一位大客户，就可以终身享有这位大客户的订单提成。

企业设计无限提成制度的初衷是留住人才。然而，事实恰恰相反：无论是否采用无限提成制度，企业的人才照样会流失。即便这些人留了下来，这种提成制度也会逐渐消磨他们的“狼性”，使得越来越多的老员工沦为吃老本的老油条。久而久之，他们完全不想去开发新客户，沦为依附于老客户的“吸血虫”。

由于公司采用的是无限提成制度，销售人员可以终身享有提成，因此提成系数一定设定得非常低。与其如此，企业不如直接将无限提成制度改为有限提成制度，并提高提成系数，以快速激活销售人员的战斗力。

平均提成与阶梯提成

有不少企业意识到无限提成制度的缺陷，转而采用有限提成制度。比如，我曾经服务的一家企业明文规定：销售人员一旦成功开发一位大客户，那么18个月内可以享有该客户的订单提成。但问题在于，这家企业设计的提成方式是平均提成——每月提成5%，而这种提成方式对于员工的激励性有限。

我建议这家企业修改一下提成方式，将平均提成改为阶梯提成。同样是享有18个月的提成，企业不妨将其划分为三个提成周期：

- 前六个月：享有7%的提成系数。
- 中六个月：享有5%的提成系数。

- 后六个月：享有3%的提成系数。

其中的区别在于，提高前期提成系数，中期保持不变，降低后期提成系数，这可以鼓励销售特种兵开发新的大客户。这种做法还有两个好处：一是前期提成系数高，可以帮助销售特种兵减轻经济压力；二是大客户在合作初期的成交额通常不大，公司需要承担的成本压力相对较小。

项目客服人员的提成设计

大客户开发管理不仅依赖销售团队的攻城略地，还依赖客服部在守城上的贡献。上文提到了销售特种兵的提成逻辑，那么项目客服人员的提成制度应该如何设计呢？

项目客服人员的提成也可以作为维护奖金。维护奖金机制是指当销售特种兵将大客户交给项目客服团队时，公司同步设计一套奖罚规则。假设这位大客户明年的业绩涨幅超过10%，项目客服人员就可以拿到一笔维护奖金（奖金可以按季度发放，也可以按年度发放）。这笔维护奖金具体的计算方法以及分配方式，我会在最后一章详述，此处暂且按下不表。

战役活动：PK奖金

除了基本工资和销售提成，还有什么办法能够激发销售团队的潜力呢？比赛是一种激发潜能的绝佳方式。企业可以策划和组织一些针对大客户开发管理的战役活动，通过PK（比赛）奖金来激活销售人员的竞争意识。

我曾经与一对经营娱乐产业的企业家夫妇进行交流，先生在各个门店导入PK文化，每日都进行一次门店间的PK活动。后来，太太同我分享了各个门店PK的成果：最好的门店当月业绩上涨了30%，最差的门店也上涨了10%。用她的原话说："引入PK机制后，各个门店都像疯了一样，现在公司每天都会在群里发奖状，兑现PK奖金。"

这不禁让我想起多年前在宅急送和顺丰带团队时，我也会经常发起大型的营销战役，比如"飓风活动""五龙腾飞""十三凤舞""钱江潮起""黄埔潮起"等。下面我就以"钱江潮起"为例，讲一讲整场战役的PK过程。

先把时间拨回到2003年，当时我在宅急送负责华东地区的营销团队。年初，我锁定了杭州地区的十家物流费用很高的大客户，包括华东制药、UT斯达康、波导手机等知名企业，因此这次战役被我命名为"钱江潮起"，寓意着宅急送将对这十位大客户发起总攻。

在这场营销战役的开幕式上，我首先宣布了这场战役的目标：三个月内攻下这十位大客户，并保证每位客户每月至少贡献50万元的业绩。当然，此前我们已经做好了部分铺垫工作，并完成了对这十位大客户的初次拜访。在了解这些客户的需求后，我们计划在未来的三个月内，集中兵力攻下这十位大客户。

定下目标后，我们按照行业划分，在华东地区成立了五个项目组，包括电子行业项目组、医药行业项目组、服装行业项目组等。每个项目组配备两名销售特种兵，锁定两位大客户。这五个项目组之间还要进行PK，最终获得第一名的项目组可以拿到5万元的PK奖金。

接下来，我将这五个项目组的总体作战地图挂在墙上，并要求每位销售特种兵绘制个人作战地图。一切准备就绪后，所有项目组都按部就班地投向紧张的大客户开发。他们每周回上海开一次碰头会，每月召开一次大客户经营分析会。

每次会议的核心内容包括以下两项。

一是复盘项目进度。每个项目组都要通报每位大客户的开发进度，并对照过程管理表格以及个人作战地图，衡量和确认每个项目是否取得了阶段性成果。取得成果的销售人员分享经验，没有达成目标的销售人员需要分析原因，并请求公司提供相关方面的支持。

二是进行通关。当时多个项目组都苦于见不到目标企业的物流负责人，这导致项目难以突破到下一阶段。后来，有一个项目组率先解决了这一难题。于是，我邀请这个项目组的成员分享他们的邀约经验，然后大家合力将邀约的话术和流程提炼出来。最后，由我扮演目标企业的物流负责人，与其他项目团队一起进行实战模拟——如何邀约大客户的物流负责人？通过这种方式，我们突破了大客户开发路上的重重障碍。

虽然只有5万元的PK奖金，但这种荣誉感一下子就点燃了这五个项目团队的胜负欲，让他们打了一场漂亮的大客户战役。因此，我在带领团队时，基本上每个季度都会策划类似的营销活动，在特种兵团队内部持续掀起一波又一波的浪潮。

大客户的政策倾斜

前面提到的所有机制都是针对内部员工设计的，那么企业如何设计激励大客户的机制呢？既然大客户是企业最关键的客户群体，企业在资源配置上就必须做好政策倾斜。

政策倾斜是指公司专门为大客户建立一套特殊系统。它是一套将资源倾斜给大客户的配置系统。事实上，政策倾斜在生活中随处可见。无论是坐飞机还是住五星级酒店，一旦你成为这些企业的超级VIP客户，航空公司或酒店必定对你进行政策倾斜，想尽一切办法感动你、激励你。

如何对大客户进行政策倾斜呢？不同业态的企业可以设计不同的倾斜政策，我在这里仅列举一二。

客户分层服务

对于C端客户而言，企业可以对大客户进行科学的分层管理，并提供分层服务。

例如，泰康将公司各渠道累计标准保费不低于20万元的客户定义为高端客户。高端客户不仅可以享用泰康保险集团的保险、资管、医养等各项产品和服务，还可以享受泰康健康财富管理中心高客服务团队的专享服务。这个团队会为高端客户提供定制化的私人健康、私人礼遇、私人律师、私人收藏、私人家业和私人旅行服务，即“泰康高客六大私享服务”。

当然，为了提高企业资源的利用率，即使是在高端用户内部，泰康也进行了用户分层，它将高端客户分成四个等级：

- 钻石客户：累计保费为20万（含）~50万元；
- 尊钻客户：累计保费为50万（含）~100万元；
- 私钻客户：累计保费为100万（含）~200万元；
- 黑钻客户：累计保费在200万元（含）以上。

进行用户分层后，泰康就能针对不同等级的用户提供针对性的服务。虽然所有高端客户都可以享受六大服务，但不同级别的客户享受的待遇不同。

以泰康的健康就诊服务为例，不同级别的客户享受的服务次数各不相同：虽然所有钻石及以上级别的客户可以享受国内30个省（市、区）、526家知名医院的专家门诊预约服务，但是钻石客户可以享受1次，尊钻客户2次，私钻客户3次，黑钻客户4次。此外，只有尊钻及以上级别的客户才可以享受线上专家问诊服务，享受指定医院、指定科室的副高以上医生远程视频问诊服务。这种差别化的优待会让高级别的客户体验到一种身份上的优越感，还能激励其他层级的客户进行消费升级。

如果贵公司的大客户也是C端客户，那么不妨思考一下：如何为他们打造一套专属的服务标准和服务流程？

首单让利政策

除了分层服务，企业还可以为大客户设计首单让利政策，这有三种具体的操作方式。

第一单让利

第一种操作方式是第一单让利，这种让利政策在生活中十分常见。比如，当你第一次消费某个品牌的产品时，商家为了将你发展为VIP客户，会推出买一送一的优惠政策，这就是典型的第一单让利。值得注意的是，首单让利不等于首单降价。也就是说，企业可以在保持价格不变的前提下，让客户得到更多的利益。

第一波让利

第一单让利是当前企业使用较多的政策倾斜方案，对于客户的触动作用不大。因此，过去我在设计首单让利政策时，喜欢针对大客户推出第一波让利，而不是第一单让利。大客户一旦与我的公司签订合同，半年内都可以享受第一波让利政策。以我的经验来看，第一波让利的效果要远远优于第一单让利的。

新产品或新市场的第一波让利

第三种操作方式是新产品或新市场的第一波让利，这种让利政策一般都是配合公司战略来设计的。比如，为了更好地开发大客户，企业可以选定某款新产品作为战略性产品，通过这个新产品的第一波让利政策来撬动大客户签单。同理，在撬动新市场时，企业也可以针对这个市场的大客户做第一波让利。

这种操作方式还可以将员工激励和客户激励融合起来：一方面，通过首单提成机制刺激销售人员开发新市场的大客户，比如，针对所有新市场的大客户订单，销售人员都可以享受提成翻倍的福利政策；另一方面，通过第一波让利来撬动新市场的大客户签单。企业以内外结合的激励方式一推一拉，从而达到绝佳的激励效果。

此外，企业还可以针对大客户设计绿色通道、24小时快速响应、公关费用倾斜等多重激励政策。从管理的角度来看，任何结果都是设计出来的。企业设计了什么样的机制，就会得到什么样的结果！

第八章

明策略：价值策略 + 关系策略

开发大客户要讲究策略，策略不是点子，也不是技巧，而是一套系统科学的方法论。一言以蔽之，真正打动大客户的是关系和专业能力，二者缺一不可。本章将详解两大策略：一是支撑专业能力的价值策略；二是支撑关系的关系策略。

价值策略：持续提高服务收入的占比

价值策略就是为客户创造价值，客户永远会为价值买单。为什么客户选择你而不选择你的对手？原因很简单，因为他们相信从你这里获得的价值比从你对手那里获得的高。

客户在花钱购买了你的产品和服务后，体验到的价值至少要等于甚至大于他的预期，否则这个客户就不会成为回头客。此外，这个价值还不是静态的，而是动态的。在服务客户的过程中，你提供的价值还需要不断提升，否则你就可能被竞争对手取代，这是最基本的商业逻辑。

曾经有人问我："一家企业怎么赚钱呢？10（收入）-8（成本）=2（利润）。如果企业给客户提供的价值是8，那么客户为什么会给企业10呢？多出来的2又是什么呢？"

我的答案是："利润来自超出期望的打赏。客户知道企业赚了他的钱，但他还是愿意把生意给企业。为什么？客户不是为了成全企业，而是认为企业的服务超出了自己的期望值。虽然产品的成本是8，但客户感受到的价值是20，所以他愿意给企业10，多出来的2就是客户自愿打赏给企业的小费！"

那么，如何才能为大客户创造出高价值呢？我认为关键不在于企业的标准化产品，而在于其提供的差异化服务。正如德鲁克所言："企业是什么？这个问题只能由顾客来回答。企业要想创造高价值，就必须站在客户的角度上思考问题。"

早在20世纪初，美国企业界就流行一种思维方式：工厂生产什么，销售部门就卖什么。100多年过去了，今天无数中小企业仍然抱着这种错误认知。许多中小企业之所以无法打动大客户，一个重要的原因就在于，它们只生产标准化产品。而一个真正创造高价值的企业，一定是为大客户提供差异化增值服务的企业。一家企业如果没有增值服务，就根本不可能为大客户创造出差异化价值。

打开许多公司的网站，我发现大部分企业要么根本没有服务收入，要么连自己也分不清产品和服务的差别，将所有的产品和服务都混在一起。

产品和服务到底有什么区别？有人说产品是硬件，服务是软件；有人说产品看得见，服务看不见；有人说产品是刚需，服务是非刚需……这些回答都不够准确，多年的管理经验告诉我：

- 产品是树根和树干，服务是花。
- 产品是用来解决企业生存问题的，而服务是为了让企业更好地发展下去。
- 产品一定是收费的，而服务可以免费，也可以收费。如果企业能设计好服务，那么它甚至可以比产品收费更高。
- 产品是满足消费者一般需求的，而服务是满足消费者个性化需求和隐性需求的。
- 产品竞争意味着打价格战，而服务竞争打的是价值战。

中国市场已从增量时代转向存量时代，我发现很多企业开发大客户就靠一个撒手锏——降价。为什么？究其根源，这是因为这类企业只有满足客户一般需求的产品，而缺乏个性化的服务。如果企业的产品没有核心优势，那么当这家企业的竞争对手也能做同样的产品时，企业就别无选择，只能靠低价吸引客户。

然而，服务与产品不同，服务要满足的是客户的个性化需求和隐性需求。比如，顺丰的产品是标准快递，只能满足客户发快递的一般需求，而其代收货款服务就是针对大客户研发的增值服务，满足的是大客户需要代收货款的个性化需求。如果这个需求只有顺丰抓到了，市场上没有其他竞争对手能满足客户，这就意味着顺丰提供了竞争对手所不能提供的服务，顺丰就拥有了独特性。这时，顺丰就可以和对手打价值战了。

我经常会问一些企业家："在贵公司的收入结构中，产品收入在总收入中的占比是多少？服务收入的占比是多少？"这个问题的答案直接关系到一家企业的核心竞争力的大小，关系到企业为客户创造价值的能力的强弱。

通常，企业对于收入的理解有两种：一种是从财务角度看，收入=成本+利润；另一种是从营销角度看，收入=客户数（多客）×客单价（多买）×购买频次（多来）。

现在，我要从价值的角度出发，定义出第三种收入公式：

总收入=产品收入+服务收入

在研究一些大公司的年报后，我发现一个规律：在大公司的收入结构中，服务收入可能占公司总收入的一半以上。

以芭比娃娃这个品牌为例，它的标准化产品就是一个简单的玩偶。然而，真正为这家公司赚钱的不是玩偶，而是延伸出来的各类增值服务。当把芭比娃娃买回家后，客户会发现芭比娃娃还可以扮演不同的人物角色：护士、医生、空姐、演员、老师等。每个角色的衣服配饰都不一样，而这些角色所需要的小衣服、小帽子、小袜子、小首饰等道具才是这家公司根据不同客户的个性化需求所研发出的增值服务，它们构成了这家公司的绝大部分营收。

因此，一家企业的服务收入占比越高，企业的核心竞争力越强。反观国内的中小企业，相当一部分企业的所有收入都来自标准化产品，公司根本没有服务收入。为什么呢？因为服务收入的背后，隐藏着一家公司的管理能级——公司的管理系统能否为服务收入提供支撑。比如，公司的客服部能否持续挖掘客户的个性化需求和隐性需求，公司的市场部能否研发出与客户的个性化需求和隐性需求匹配的增值服务。

回到方法论上，如何增加一家企业的服务收入呢？这是一个系统性工程，需要企业安排专人负责，也需要三大部门合力研究：公司可以为大客户提供哪些增值服务？如何将这些增值服务的价值更高效地传递给大客户？具体的操作步骤如下。

首先，公司要成立市场部。前面我说过，市场部的一个重要职能是产品研发。但是，很多企业的市场部只会研究产品，比如新产品、尖刀产品、组合产品，却忽略了增值服务的研发。各类产品只能解决一般需求，而对于拥有巨大选择空间的大客户而言，企业要满足的不仅仅是一般需求，还要洞察客户的内心，满足他们的个性化需求甚至隐性需求，进而为大客户提供深度价值。因此，市场部要针对大客户的个性化需求和隐性需求，研发与之匹配的增值服务。

其次，企业要及时扭转销售特种兵的思维模式。在服务大客户时，销售特种兵一定要摈弃卖产品的思维，转向卖方案的思维。方案思维与产品思维的最大区别是什么？方案包含了满足大客户个性化需求的增值服务，销售特种兵只有卖方案，才能将增值服务融入产品。

最后，客服部门要做好客情关系维护，持续挖掘大客户的个性化需求和隐性需求。与此同时，客服部每月必须为大客户编制一份客户月度分析报告，以供大客户参考。这也是服务价值的一种表现方式。

也就是说，高价值是由三大部门共同创造出来的。只有三大部门联合作战，企业才能打通价值创造和传递的链条，持续为大客户提供高价值。

关系策略：从点到面和体的升级

第二个策略叫作关系策略。什么叫关系？用最精练的语言来表达的话，我认为关系是指与大客户构建一个全方位的利益共同体。

在这里，我用到了一个关键词——全方位。为什么要强调这个词呢？因为提到关系策略，许多人大脑中浮现的可能是对某个关键决策人进行公关的具体方法。然而，在面对大客户，尤其是企业客户时，决策链条比较长，涉及的人也比较多，关系网络复杂。公司如果只是和其中某个人建立了关系，而与其他人没有建立牢固的关系，那么一旦这个人的职位发生变动，公司与大客户之间的关系链条也就断裂了。

我听过这样一个悲剧：一位就职于世界500强企业的大客户经理一直将工作重点放在某家大企业客户的高层身上，这位高层也确实是公司颇具影响力的关键决策者。双方良好的合作关系使得这个大客户贡献的业绩收入连年大幅增长。为了保住自己的利益，这位大客户经理严防其他同事与该客户接触。由于他与这位高层的关系非常好，竞争对手也无法撬动，无奈只能将工作重点放在其他级别较低的管理人员身上。然而，随着这位高层的退休，企业内部出现了人事变动，而新任决策者刚好是从中层提拔上来的。几乎一夜之间，这家公司的所有相关业务都被转移到竞争对手那里。

这个真实的故事带给我的警示是：针对大客户，尤其是企业客户，公司需要与其从点的关系发展到面甚至体的关系。也就是说，企业的关系策略必须要覆盖整个决策链条，与客户保持从上到下“扫楼梯”式的深度客情关系，与其高、中、基层都建立良好的立体关系网络。

以我服务过的一家项目制企业为例，这家企业的目标大客户是大中型制造企业。企业的定位是一站式平台采购商，为大中型制造企业提供系统的解决方案。因此，这家企业在关系策略上就严格按照高层和中层分类来建立关系。

针对高层决策人员，企业以高层会见交流为主要方式来建立关系。高层会见的目的是让客户高层了解企业产品的独特价值，并挖掘出更多的合作意向。

具体如何操作呢？首先，由企业营销中心总经理拜访客户，了解客户痛点及需求，与客户初步建立关系，并邀请客户企业的高层参加私人聚会以及高层会见。私人聚会的方式比较灵活，可以安排参观交流、高层家庭聚会、打高尔夫球等。

在高层正式会见时，先由客户介绍自身的背景以及需求。针对客户的需求，企业高层再推荐与之匹配的且具有独特价值的产品方案包。当然，这个方案包通常在高层会见前就已经准备完毕。最后，双方高层沟通下一步合作意向。

高层会见后，由销售特种兵对接客户企业中层，即各个相关部门的总监以及经理等人，与客户中层建立关系：一方面，了解客户各部门的需求与痛点，以便于有效整合公司资源为客户提供服务，有效地帮助客户解决工作上的问题；另一方面，了解对方的个人需求，以便于有效地帮助他们解决生活中的困难，从而建立良好的朋友关系和情感链接。

高层会见：自上而下扫楼梯

高层会见怎么展开呢？我给大家分享一个上述企业的成功案例。

这家企业的一位重要客户是光电触控行业的上市公司，而这家上市公司正好也是我的另一位客户。多年来，这两家企业虽然有一些零星的业务往来，但项目合作并不深入。

了解到这个情况后，我建议这家企业的董事长举办一次高层会见活动，并亲自邀请上市公司的董事长来做客。在发出正式邀约前，这家企业就做好充足的准备，董事长亲自组织多场会议，商讨接待流程，并对参与接待的人员进行通关。

上市公司的高层到访当天，我陪同这家企业的董事长提前半小时到门口，等候贵宾的到来。接到客户后，董事长带领几位营销部的高层一同参加高层会见。

在会见过程中，营销部的高层向上市公司董事长介绍企业的产品以及服务的独特价值。紧接着，两位董事长又针对行业发展、企业经营管理以及传统文化等方面进行了深入探讨。随后，一行人参观了公司。在参观过程中，上市公司董事长发出感慨：“和贵公司合作这么多年，我居然不知道贵公司是这样一家有实力、有文化的公司！”

中午，这家企业的董事长设宴款待对方。宴会上，两人相谈甚欢。巧合的是，闲谈之下，该企业董事长发现自己的父亲和对方的老岳父曾在同一支部队服役，于是当即发出邀请，希望老人家来家中做客。上市公司董事长也当即抛出橄榄枝，希望两家公司强强联合，未来展开全方位的合作。

第一次高层会见结束后，这家企业组建了专门的服务团队，在董事长的带领下召开专题会议，研讨如何进行项目对接，从而实现合作共赢。其间，业务团队再次详尽地调查了客户各部门的需求和痛点，反复修改汇报方案，并进行多次通关。

一个多月后，这家企业董事长亲自带领市场部、销售部、技术部的高管拜访那家上市公司，开展第二次高层会见交流，向上市公司董事长及其高管团队（包括总裁、采购中心副总裁、业务线副总裁、采购中心总经理、采购中心总监等）介绍公司方案的独特价值。由于方案紧扣客户需求和痛点，这家企业得到了客户的高度评价，第二次高层会见取得了巨大成功，双方达成了实质性合作共识。上市公司董事长当场表态，希望就四个方向开展具体合作。

第二次高层会见结束后，这家企业的销售总经理、总工程师、项目总监再次拜访了上市公司的采购中心总经理，并将合作项目落实下来，这为双方未来的全方位合作打下了坚实的基础。到目前为止，这两家公司的众多项目已经进入实质性合作阶段。

从这个案例可以看出，关系策略根本不是简单的吃饭、喝酒、拉关系，关系策略的最高境界是同频共振，是高层的文化、价值观的同频共振。在这个基础上，双方再从上到下建立全方位的一一对应关系：高层对高层、中层对中层、基层对基层。

当然，考虑到中国是一个人情社会，不同于西方，企业与客户的高、中、基层都要保持良好的关系，做好定期电话沟通、上门拜访等客情关系维护工作。以我的经验来看，打十个电话不如一次拜访，十次拜访又不如进行一次深度交流。

答谢会：将营销成本转化为营销成果

除了高层会见，还有哪些方式可以快速建立关系呢？效果最好的一个办法是组织答谢会，并在答谢会中融入新品推介会。

谈到关系策略，大多数人第一时间会联想到请客、吃饭、拉关系。当然，这也是一种经营关系的方式。但是，从我个人做销售的经验来看，这种方式有两个弊端：一是这种关系比较脆弱，任何企业都可以做到，竞争对手可能做得更好；二是这种方式效率太低，一次最多只能服务几个客户。相较于请客、吃饭、拉关系，答谢会和新品推介会是一种效率更高的经营关系的方式，它能快速形成规模效应。

提到答谢会，许多人可能不以为然，因为他们公司可能每年都要举办好几场答谢会，却根本没有达到什么效果。很多企业甚至将答谢会视为营销成本。实际上，一场成功的答谢会会将营销成本转化为营销成果。

如何组织一场有成果的答谢会呢？这必定要事先进行周密的设

计和规划。简单来讲，我们可以将整个会议流程分为前、中、后三个阶段。

会前准备

根据我组织上千场答谢会的经验来看，在一场成功的答谢会中，准备工作的重要性约占70%。尤其是面对大客户，准备工作更要精细到位。一般来说，会前要做好几个准备。

部门准备：客服部牵头。

很多企业的答谢会通常由销售部牵头，其实这是不对的。答谢会应该由客服部牵头，因为客服部才是公司的客户管理部门，销售部只对新客户的开发负责，这是由两个部门的分工决定的。

邀约准备：客户画像+邀约话术+礼品或产品。

许多企业将答谢会办成了联欢会，根本没有对参加答谢会的客户进行画像锁定，最后自然就没有成果。一场精准的答谢会一定要根据新产品倒推出精准的客户画像。有了客户画像，邀约客户的精准度就大大提升了。

锁定客户画像后，企业还要准备好精致的邀请函，设计好统一的邀约话术，并对邀约人员进行通关，以保证邀约的成功率。此外，企业还要准备答谢大客户的礼品以及想要推荐的产品，这些细节工作都会影响答谢会的最终效果。

以礼品准备为例，很多企业对于礼品的选择相当随意，选好后安排统一采购。事实上，礼品最好不要统一购买，而是要基于大客户调研的数据进行选择，因为客户的需求和爱好都各不相同。如何准备一些更个性化的特色礼品？这需要策划者精心设计。

本质上，礼品也是一种沟通媒介，它体现了企业对客户的用心程度。当企业的礼品送到客户的心坎上时，客户才会觉得特别温暖、贴心，因为客户能感受到企业的用心。

更重要的是，企业还要提前对新品推介会进行通关。记得2003年前后，我在宅急送密集主持过一段时间的新品推介会和答谢会。每次开会前，我都战战兢兢，生怕自己主持的效果不好。因此，我每次都会反复进行通关，力争让每一句话都不成为废话，并设计好开场怎么讲、中间怎么讲、最后怎么收尾。在这个过程中，客户可能会提出哪些问题？我应该如何回复？……这些准备工作都非常重要，直接关系到会议的成败。

会中把控

出于工作原因，我也参加过不少答谢会和新品推介会，发现大部分会议的主办方都没有做到对整个会议流程的高品质把控。

要想确保会议的高品质，企业在每场会议前都要做好设计：在这场会议中，谁负责音效？谁负责白板？谁负责场内？谁负责场外？……也就是说，会议的每一个环节都要有专人负责，并且要将具体事项落实到具体时间点，以保证会议各环节无缝连接。这考验的是企业管理的颗粒度是否足够细，流程的标准化是否到位？唯有如此，会议才能给客户一气呵成的体验感。

会后跟进

会议结束后，销售人员还要进行后续跟进。由于答谢会中穿插了新产品的推介环节，因此，销售人员在会后还要做一些成交和收款工作。

2016年，我在深圳服务一家农牧集团，这家集团的主营业务是饲料。在服务过程中，我帮助这家集团策划了一场“答谢会+新品推介会”。

为了保证会议的效果，春节前该集团的客服部就联合销售部锁定了300位经销商的画像，并设计好邀约话术，以便销售部精准邀约。在邀请这300位经销商的同时，销售人员还要求每位经销商再邀请一位意向经销商参会。

会前，客服部根据客户需求精心准备了礼品，并对整个会议流程进行了通关。一切准备就绪后，答谢会正式开始。当天台下一共坐了60桌，每桌10人，同时每桌配一名销售特种兵。

整场会议包括产品推介会和答谢会两部分。

首先举办的是产品推介会，先由集团领导介绍公司以及未来发展方向。接下来，由我为台下的600名经销商分享营销策略。开头的两个环节成功地将会场的气氛调动起来。最后，由集团的营销总经理上台介绍新品，整个过程非常流畅。

产品推介会结束后，训练有素的销售特种兵就出场了，每个人负责跟进一个小组。整个过程大概持续了20分钟，成功进账3 000多万元。

到了晚上，答谢晚宴正式开始。首先由集团总裁上台致辞，紧接着，我也上台做了十分钟演讲，主题是感谢客户的支持，希望今后经销商和公司继续共同发展。在晚宴结束前，公司又进账几百万元，整场会议一共进账4 000多万元。

会后，销售特种兵继续跟进参会的经销商。对于没有在现场签单的经销商，销售特种兵继续跟进，后续也收到几笔回款。对于已签单的经销商，接下来的安排是交付以及售后服务。

由于这次会议的影响较大，许多饲料行业的报刊也对这场会议进行了报道。

毫无疑问，这是一场策划得非常成功的答谢会。由于这场会议超过了预期效果，这家农牧集团的营销团队将答谢会设定为星级员工通关考核的必考项目。未来，所有销售特种兵、四星级和五星级普通销售员都要学会策划答谢会和新品推介会，因为企业发现这两场会议对于大客户关系的维护和拉动是非常有效的。

此外，企业还可以组织公司沙龙、行业展会和招待酒会等。比如，我服务过的一家项目制企业就定期举行公司沙龙，邀请企业客户的中、高层就新技术、新工艺和新产品进行讨论、分享，以进一步洞察和研究大客户的需求和痛点，从而发掘新商机。这家企业还经常邀请客户参加行业展会和招待酒会，高层及相关负责人亲自向客户介绍产品解决方案和项目方案包。

关系营销：超出客户期望

除了高层会见和答谢会，企业还要锁定关键核心人物，做好一对一的关系营销，建立深度客情关系。无论何时何地，企业都要竭尽全力，达到超出客户期望的目的。

今天的营销不再是一锤子买卖，而是要长期地占领客户心智。而想要长期占领客户心智，企业就要关心客户的生活方式和消费习惯，实时与客户互动，以便感知客户的好恶，及时根据客户的偏好提供超出预期的服务，让客户感受到企业的真诚，从而将生意关系转化为朋友关系。

2022年3月底，正值上海疫情暴发，我第一时间给客户打电话，询问这次疫情对他们有什么影响？他们最关心哪些事情？我可以提供哪些力所能及的帮助？……一番调研下来，我发现客户最核心的两个需求。

一是提振员工士气。销售人员无法出差拜访客户，这让很多销售人员都感到泄气和焦虑。此时，他们需要我帮助手下的销售团队扭转心态，迅速提振士气。

二是为员工的专业赋能。企业仅有士气还不够，接下来的工作该如何布局？能否从线下销售转向线上销售？能否通过直播营销、微信营销、在线沙龙等各种远程方式来服务客户呢？如何组建新的销售特种兵团队？如何对这群人进行远程过程管理？如何做好团队的赋能培训？……

了解这些情况后，我主动联系客户，为他们免费提供在线辅导，因为其中有不少客户的咨询项目都已经结项，所以我的做法令他们非常感动。其实，这就是日常的关系营销。这种关系营销不仅体现在销售前和销售中，更应该体现在销售后，这才是真正为客户创造终身价值。

聪明的企业不应该浪费任何一次危机。危机不是企业选择“躺平”的借口，而是弯道超车的机会。因为环境越具有挑战性，这越是与大客户建立“一对一”关系的最佳时机。

唯有迎难而上，才能迎刃而解。2020年春节期间，新冠肺炎疫情的突袭让许多企业猝不及防，我的一位客户损失惨重，数千家连锁店在疫情防控期间被迫停业。但他要求销售人员赶紧联系大客户，调查其生活上有哪些困难。结果发现许多大客户紧缺口罩和生活物资。得知这一情况后，他迅速疏通关系，采购了大批口罩等稀缺的防疫物资，让销售人员免费送给所有大客户，这一做法感动了不少大客户。

此外，这家公司还拿出金牌产品进行低价促销，为那些无法到店的客户提供极具性价比的产品。疫情防控期间，公司更是培养了数十名网络达人进行线上直播，由于线上没有物理距离和空间距离，这家企业反而收获了大批超出预期的新客户。未来，这家公司必然会迎来更高质量的业绩增长。

站在关系营销的视角来看，世界上根本没有什么特定的方法论，更没有时间和空间的限制。企业只要有一颗服务客户的心，就可以随时随地进行关系营销。国学大师钱穆曾经说过一句话：“古往今来有大成就者，诀窍无他，都是能人肯下笨劲。”事实上，关系营销也无诀窍，只要企业愿意在客户身上持续下功夫，像对待亲人一样对待客户，投入真情实感，就能让客户感受到温暖。本质上，企业关系营销的最高境界是和客户交一辈子的朋友，融入客户的圈子，与客户同频，发自内心地了解他们的生活方式，了解他们的个性化需求，只有这样才能随时随地提供超出客户期望的服务。

第九章

项目制管理：绑住大客户

为大客户的终身价值定价

亚马逊是全球最大的电商公司。你如果在亚马逊上购买过商品，对于“Prime”这个词应该并不陌生。亚马逊Prime会员在全球超过2亿，它们是亚马逊稳健增长的“压舱石”。

Prime会员到底是什么？为何有这么多用户愿意为其买单呢？一切还得从2005年说起。那一年，亚马逊推出了Amazon Prime服务，年费是79美元，免费提供超过100万种商品两日内送达的快递服务。亚马逊推出这项服务的初衷是增加客户黏性和忠诚度，促进消费，最终形成自己的生态系统。

时至今日，Prime会员已分为两个不同档次：一种是每月8.99美元，只包含基础免费送货服务；另一种是每年119美元或每月12.99美元，包含总价值超过700美元的22项会员权益，除了邮寄服务，还有各种增值服务，比如无限量的音乐影视、购物优惠、Kindle电子书免费阅读、无限量的照片存储服务等。

RBC（加拿大皇家银行）的调查表明，Prime会员的平均购买金额是非Prime会员的两倍。亚马逊的公开数据表明：注册用户成为试用会员后，有69%会转变为付费会员；93%的消费者在一年后仍继续为该计划付费；成为Prime会员两年后，仍有98%的人保持续费状态，其中18%的人每周都会在线购买产品，14%的人每月网购一次产品，9%的人每天都网购。也就是说，这种会员模式不仅增加了核心购买用户的黏性和忠诚度，还提高了单个客户的成交量。

那么，亚马逊究竟能不能通过Prime会员费赚到钱呢？

根据第三方机构的调查，2013年亚马逊在每一位Prime会员身上的平均花费包括55美元的实物运费和35美元的数字内容费用，共计90美元。90美元减去会员费79美元，也就是说亚马逊仍要为每一位Prime会员"倒贴"11美元。显然，亚马逊在这项服务上赚不到钱。2014年，亚马逊就把Prime会员的年费由79美元提高到99美元，这也侧面证明了Prime并不赚钱。

既然不能通过这一服务赚钱，亚马逊为什么还要发展Amazon Prime呢？原因就是当客户购买了Prime服务后，客户的黏性增强，这为亚马逊带来了数量巨大的忠实客户。这些客户只要在亚马逊上下过单，下一次有需要时就会回到亚马逊，享受自己已经付过钱的Prime会员服务。当亚马逊为Prime会员推出更多增值服务时，客户就更愿意去继续尝试这些服务。

由此可见，亚马逊推出Prime的最大价值，不是赚会员费，而是试图把客户都变成亚马逊的终身客户。

为什么说大客户是撬动企业增长的杠杆点？亚马逊的案例给了我们启示。真正的大客户不仅仅在于体量大，更重要的是它可以成为企业的终身客户，长期为企业的产品和服务买单。毋庸置疑，一个客户留在企业的时间越长，企业给他创造的价值越大，同时他回馈给企业的价值也越大。所以，大客户不是一生一次，而是一生一世。

美国贝恩公司的研究表明，客户留存率增加5%，企业利润可以增加25%~95%，而将现有客户转换为重复客户的可能性为60%~70%。这说明企业盈利主要靠老客户。

如果不幸让老客户流失了，企业会面临什么后果呢？我给大家讲一个真实的故事。

一位60岁的单身女士是一家美国超市的老顾客，超市离她家不远，商品价格也挺便宜，因此她经常光顾。直到有一次，这位女士问超市的工作人员："我能买半根莴苣吗？"结果服务人员直愣愣地盯着她，傲慢地说不行，这让她很尴尬，她只能无奈地买了一整根莴苣。

后来，她又遭遇了几次类似的小事件，而导火索就发生在一次结账时，收银员只顾着和同事聊天，根本不把她当回事。当她问问题时，收银员态度还很恶劣。从那天开始，她再也不去那家超市了。

这家超市似乎也不必在乎她每个月贡献的区区50美元。但是，这家超市忽略了一件事情：当一个顾客停止购买时，会产生“涟漪效应”。也就是说，这家超市失去的并不是一位每周贡献50美元的顾客，而是被这个不满意的顾客所影响的一大群人。这就好像湖面上的涟漪一样，会逐渐荡漾开来。

我粗略地估算一下超市的损失：这位女士每周消费50美元，一年就是2 600美元，10年就是26 000美元。但“涟漪效应”会放大这个数字。《客服圣经》一书中提到一个数据：一个不满意的顾客会将自己糟糕的体验告诉10~20个人，甚至更多人。在移动互联网时代，由于传播效率极大地提高，“涟漪效应”会进一步放大，一个差评可能影响到成千上万个意向客户。

假设这位女士只是将自己糟糕的体验告诉了11个亲朋好友，然后这些人又分别告诉了另外5个人，那么现在影响的人已经有66个。假设这66个人中只有25%的人决定不再去这家超市购物，他们每周的消费额也是50美元，那么这家超市一年的损失就是42 900美元，10年就是429 000美元。这就是这位女士不满意造成的后果。事实上，真正的损失可能远比这个数字大。

今天太多企业认为客户丢了就丢了，根本不会采取问责机制。为什么老板和管理者如此无动于衷呢？因为他们没有看到客户的终身价值，也没有看到口碑带来的涟漪效应。

事实上，很多大型企业都会给自己的终身顾客定价。菲利普·科特勒在《市场营销》一书中披露了一组数据：星巴克给自己的终身顾客定价1.4万美元；雷克萨斯估测一位终身顾客贡献的价值在60万美元以上。

只有算清楚这笔账，企业才会清醒地认识到：今天企业弄丢了一个客户，弄丢的不是一单生意，而是与这位客户一辈子的生意以及与客户朋友的全部生意。也就是说，企业表面上损失的是一个300万元的订单，实际上损失的可能是10年3 000万元的订单。如果再算上客户本可以为企业转介绍的10个客户，那么企业的实际损失可能超过了3亿元！

这也警醒所有企业：大客户不能流失，因为代价太大了。只有将每个大客户都留在用户池里，企业才会越发展越轻松。原因有两点：一是大客户的复购率高，他们会持续消费，而这部分收入不需要耗费企业的开发成本；二是大客户的转介绍率高。大客户的“繁殖能力”很强，能为企业带来更多的大客户。当大客户把企业带入他的圈子时，企业会发现里面全是大客户。

遗憾的是，很多企业确实有能力将大客户开发成功，但是它们面临的挑战恰恰是：如何与大客户绑定一辈子，让他们成为企业的终身客户？

在从事一线营销管理的20多年里，我花了很多时间来研究这一课题。经过反复实践，我提炼出一套做大、做深大客户的方法论——项目制管理，本章就介绍项目制管理的实操逻辑。企业为什么要做项目制管理？由谁来做项目制管理？项目制管理有哪些方式？项目制管理应该匹配哪些管理机制和管理流程？这就是本章要解决的问题。

客服部才是客户的管理部门

企业为什么要做项目制管理？这个问题的答案就藏在前文中。大客户开发管理体系是由三大部门组成的，整个大营销体系可以分为前、中、后三层。

- **售前：**市场部专门负责锁城，即做好开发前的调研和引流等工作。其核心职能包括市场调研和产品研发。市场部将客户引进来后，再交给销售团队来开发。当然，这里所说的销售团队不仅包括企业内部的销售团队，还包括企业外部的销售渠道，如经销商、代理商团队等。
- **售中：**销售部专门负责攻城，即锁定大客户进行开发。一旦开发成功，接力棒就要传到客服部手中。
- **售后：**客服部专门负责守城。客服分为普通客服人员和项目客服人员：普通客服人员主要对接的是中小客户，企业要建立呼叫中心以进行统一管理，这就是通常意义上的客服部门，负责中小客户的日常维护；项目客服人员则是专门管理和服务大客户的。在大客户开发成功后，项目客服人员马上就要介入，对大客户进行管理。

因此，从大客户战略的组织布局来看，企业要落地大客户战略，项目制管理就是大客户全生命周期管理后端的必需品。这是因为企业要的不是一锤子买卖，而是为用户创造终身价值。

有经验的管理者都知道：要赢得一位大客户可能要付出10年的努力，但是丢掉只需要1秒钟，这就是现实。如何避免类似的情况呢？企业要通过管理和服务大客户，将大客户与企业绑定一辈子，从而将其做深、做透、做大、做久。

真正的大业绩来自哪里？来自老客户的复购率和转介绍率。而复购和转介绍不会自动发生，要靠项目客服团队来推动。在大客户开发成功以后，项目客服团队就要用超出预期的服务，将他们留在企业的客户池里，这样才能聚沙成塔、集腋成裘。这就是企业做项目制管理的意义所在。

因此，在做项目制管理之前，企业首先要明确的一个观点是：**大客户的管理部门不是销售部，而是客服部。**在每位大客户签单前，管理者就要清楚地告知公司的销售特种兵："这个大客户未来的订单和销售提成仍然属于你，但公司会派出专业的项目客服团队，为你的大客户提供更专业的服务。过去，你每个月需要拜访客户8次，未来你可能只需要拜访2次，因为后续的查询、投诉等事情都会交由项目客服人员处理，你只需要负责销售谈判。因此，你可以省下80%的时间、精力去开发新的大客户。"

项目组的4个角色定位

当销售部将大客户交给客服部以后，具体由谁接手呢？答案是项目组。

一般来说，在企业与大客户签合同的时候，项目组就正式成立了。甚至针对一部分重要的大客户，在开发客户之前，项目组就已经成立了。

这个项目组会视具体情况而定：有可能由三五个人联合组成，也有可能由公司专门成立一个小部门，来服务一位大客户。客服部可能有数十个甚至上百个项目组，由客服部总监统一管理。

项目组的定位是什么呢？它需要扮演4个角色。

项目组是客户需求的第一责任人

在过去的职业生涯中，我在不同企业内部成立过100多个项目组。每一个项目组成立后，我首先会告诫每一位项目组成员：你就是客户需求的第一责任人。

项目组是客户关系的第一责任人

一旦项目组成立，这个项目的日常客群关系维护就全部交给项目组，从高层、中层再到基层的关系维护都由项目组负责。一旦客户投诉、理赔，他们就要冲向一线，因为客户的声音就是他们行动的命令。

项目组是客户满意度的第一责任人

项目组也是客户满意度的第一责任人。真正活得久的企业都是客户满意的企业。因此，客户满意度是考核一个项目是否成功的关键指标。只有大客户满意度提升了，未来企业才有可能做大、做强。满意的大客户还是企业最好的销售人员，他们会为企业转介绍更多的大客户。

一言以蔽之，满意的大客户才是支撑复购率和转介绍率的核心力量。因此，这个角色定位也非常重要。

项目组是项目成功的第一责任人

最后，项目组是项目成功的第一责任人。

我经常会在项目组成立时强调："客户生，项目组生；客户亡，项目组亡。"也就是说，项目的生死存亡直接决定了项目组的生死存亡。这就如同罗马军队中的"十夫长"领导着一个工作团队，其以10个人为基本作战单元，承担着最基本的作战任务，包括行军打仗、安营扎寨、埋锅做饭等。只要十夫长在，作战单元就能有条不紊地运行；若十夫长阵亡，作战单元则会就地解散。

因此，在每个项目组成立之初，我都会明确项目组定位：项目组是客户需求、客户关系、客户满意度以及项目成功的第一责任人。定位清晰了，项目组的工作方向也就明确了。

项目制管理的架构与职责

在项目组定位清晰后，我再来梳理一下项目制管理的架构和职责。过去有些企业理解得比较简单，以为专门成立一个项目制管理部门来落地执行就可以了。实际上，项目制管理要讲究科学布局。

项目制管理要交由营销中心统筹。大营销体系是由市场、销售、客服三大部门组成的，它们联合作战，共同为大客户服务。其中，项目制管理的工作由客服部承接，但其他相关部门也要参与其中。

下面我为大家分享一个真实案例。案例中的企业在项目制管理的架构搭建过程中，是如何对市场、销售、客服三大部门进行分工的？这三大部门的负责人分别是谁，以及这三大部门的职责分别是什么？

这是一家典型的项目制企业，其总部位于深圳。这家企业创立于1985年，经过30多年的发展，已经成为一家大型的高新电子材料方案商，致力于为客户提供省心、省事、省钱的项目方案包。目前，这家企业已经服务了电子行业的900多家优质客户，其中有不少上市公司以及各细分领域的头部企业。

如表9–1所示，整个项目制管理囊括了销售及客服线、市场线和职能线，各条线的岗位职责并不相同。

表9–1　项目制管理架构与职责

条线	岗位	职责
销售及客服线	销售公司总经理、副总经理、大客户维护总监	1. 对项目负责（全面负责大客户项目运作） 2. 对目标负责（大客户目标突破的第一责任人） 3. 对开发负责（提高绑定客户的产品覆盖率和占有率） 4. 对客情负责（定期举行高层会见，全面提升客户满意度） 5. 对工作成效负责（及时反馈大客户开发进度，整合集团资源）
	高级工程师	1. 对技术负责（全面负责大客户打样测试，能第一时间妥善处理技术投诉，每月组织技术交流会） 2. 对客户需求负责（收集客户技术、工艺、产品方面的需求信息）

（续表）

条线	岗位	职责
市场线	市场部总经理	1. 对产品负责（全面配套项目方案包，打造核心尖刀产品） 2. 对价格负责（确保产品具有竞争力，保障项目效益最大化） 3. 对反馈负责（整合供应商资源，第一时间处理销售反馈） 4. 对品质负责（确保产品品质，确认供应商品质条款，规避风险） 5. 对终端负责（整合终端资源，有效推进核心尖刀产品升级）
	总工程师	1. 对方案负责（有效制订项目方案包，确定最优产品组合） 2. 对行业需求负责（全面掌握客户需求，保证用户效益最大化） 3. 对培训负责（全面统筹技术、工艺、产品培训）
职能线	营销中心副总裁以及大客户营销中心总经理	1. 对目标负责（全面负责集团绑定大客户目标的达成） 2. 对管理负责（全面统筹管理集团大客户，确保目标突破） ▪ 每两周召开一次项目会，对销售公司绑定大客户目标达成问责 ▪ 参加销售公司项目会，全面掌握大客户销售动态并对目标达成问责 ▪ 全面参与大客户高层会见，建立深度客情关系，有效解决项目推进中的重要问题 ▪ 有效协调市场部供应商资源，寻求产品、服务与价格上的支持，有效解决项目推进中的重要问题 3. 对决策负责（批准集团绑定大客户的营销策略及报价）
	总裁	全面检视目标达成进度（对重大项目决策提出建议和要求）

销售及客服线

这条线涉及的主要岗位包括销售公司总经理、副总经理以及大客户维护总监，由他们三人牵头并负责。他们三人承担的职责包括以下五个方面：

- 对项目负责，全面负责大客户项目运作；
- 对目标负责，是大客户目标突破的第一责任人；
- 对开发负责，提高绑定客户的产品覆盖率和占有率；
- 对客情负责，定期举行高层会见，全面提升客户满意度；
- 对工作成效负责，及时反馈大客户开发进度，整合集团资源。

这条线需要整合的资源还有技术线的高级工程师，高级工程师在项目制管理中的主要职责包括以下两个方面：

- 对技术负责，全面负责大客户打样测试，能第一时间妥善处理技术投诉，每月组织技术交流会；
- 对客户需求负责，收集客户技术、工艺、产品方面的需求信息。

市场线

市场线的负责人是市场部总经理，其主要职责为：

- 对产品负责，全面配套项目方案包，打造核心尖刀产品；

- 对价格负责，确保产品具有竞争力，保障项目效益最大化；
- 对反馈负责，整合供应商资源，第一时间处理销售反馈；
- 对品质负责，确保产品品质，确认供应商品质条款，规避风险；
- 对终端负责，整合终端资源，有效推进核心尖刀产品升级。

与此同时，这条线还需要技术线的总工程师配合，其主要职责包括：

- 对方案负责，有效制订项目方案包，确定最优产品组合；
- 对行业需求负责，全面掌握客户需求，保证用户效益最大化；
- 对培训负责，全面统筹技术、工艺、产品培训。

职能线

项目制管理还需要职能线的参与，这里的职能线是指总部的职能线，包括营销中心副总裁以及大客户营销中心总经理，其具体职责包括三个方面。

（1）对目标负责，全面负责集团绑定大客户目标的达成。

（2）对管理负责，全面统筹管理集团大客户，确保目标突破，具体内容包括：

- 每两周召开一次项目会，对销售公司绑定大客户目标达成问责；

- 参加销售公司项目会，全面掌握大客户销售动态并对目标达成问责；
- 全面参与大客户高层会见，建立深度客情关系，有效解决项目推进中的重要问题；
- 有效协调市场部供应商资源，寻求产品、服务与价格上的支持，有效解决项目推进中的重要问题。

（3）对决策负责，批准集团绑定大客户的营销策略及报价。

为了做好项目制管理，企业也要将总裁纳入项目制管理的架构，其职责是全面检视目标达成进度，对重大项目决策提出建议和要求。

从这家企业的项目制管理架构中，我们可以看到项目制管理不是简单地成立一个项目组，而是由营销中心来统筹，以大客户为靶心，多个部门联合作战，将销售部、客服部、市场部、技术部、职能部全部调动起来，共同为大客户服务，并对不同部门、不同岗位进行清晰的职责分工。

大客户的绑定管理

在项目制管理的架构搭建完后，企业接下来要做的是对大客户进行绑定管理。经常有人向我抱怨：为什么我们的大客户非常容易流失呢？究其根源，就是因为企业缺乏对大客户的绑定管理。

只要稍加调研，你就会发现一个规律：凡是大客户流失率高的企业，客户通常都控制在销售人员一个人手中。也就是说，这类企业只是对客户进行了单点绑定，这种关系必然是脆弱的。只有从不同的维度对客户进行“五花大绑”，企业才能保证客户一个也不流失。

如何对大客户进行绑定管理呢？企业可以从以下三个维度思考。

层级绑定

层级绑定，顾名思义，就是企业根据客户级别绑定企业内部相应级别的责任人。如表9–2所示，这是某企业为不同月消费金额的客户设计的层级绑定办法。

表9–2 某公司大客户层级绑定办法

绑定对象（客户月消费金额）	销售人员	客服人员	销售主管	销售经理	区域总监	大区总经理	集团营销中心副总裁或总裁
1万~5万元	√	√					
5万~10万元	√	√	√				
10万~20万元	√	√	√	√			
20万~50万元	√	√	√	√	√		
50万~100万元	√	√	√	√	√	√	
100万元以上	√	√	√	√	√	√	√

将客户按照月消费金额分类后，该公司根据客户分类进行人员绑定：

- 月消费为1万~5万元的客户，绑定销售人员、客服人员；
- 月消费为5万~10万元的客户，绑定销售人员、客服人员和销售主管；
- 月消费为10万~20万元的客户，绑定销售人员、客服人员、销售主管和销售经理；
- 月消费为20万~50万元的客户，绑定销售人员、客服人员、销售主管、销售经理以及区域总监；
- 月消费为50万~100万元的客户，绑定客服人员、销售主管、销售经理、区域总监和大区总经理；
- 月消费为100万元以上的客户，绑定销售人员、客服人员、销售主管、销售经理、区域总监、大区总经理和集团营销中心副总裁或总裁。

客户价值越大，绑定的责任人越多，绑定的管理者级别也越高。很多公司的客户资源都分散在员工手里，一旦销售人员离职，客户资源就流失了。但是，如果企业对大客户进行了多点的绑定管理，那么即便销售人员离开了，他也绝对不可能带走大客户，因为客户并不是绑定在他一个人身上，而是绑定在一群人身上。

我在多年的实践中发现了一个规律：如果企业的绑定管理做得好，那么越是大客户，越不容易被抢走。

为什么？因为当这么多人都在关注和服务客户时，客户也会清楚地认识到：他是这家公司的客户，而不是某个销售人员的客户。企业要明白，不是销售人员一个人在服务客户，而是整个经营系统在服务他。在这个系统的背后，是公司的市场、销售、客服、产品、技术等多个团队在共同服务，倾注的是整个公司的资源。

也有人会担忧："一个大客户绑定在这么多人身上，如果所有人都去拜访客户，那么客户会不会感觉到被骚扰呢？"这种担忧是多余的，因为绑定并不意味着天天去拜访客户。以营销中心副总裁为例，他可能每半年才会登门拜访一次，平时只是重点关注和跟踪客户动态，客户的日常拜访主要还是靠客服人员以及该区域的销售负责人。

层级绑定主要是为了引起公司各个层级人员的高度重视。一旦企业建立了层级绑定机制，再加上相应的奖惩机制，客户绑定在谁身上，谁就会高度关注。当年在顺丰时，我每周一要做的第一件事情就是确认自己所绑定的10位百万级大客户是否出现异常情况。如果绑定的客户出现了业绩下滑甚至流失的迹象，那么我一定会非常紧张，会立刻了解情况并采取对策。因为一旦出现客户流失或者业绩下滑，我面临的就是被问责。所以，为了避免出现这种尴尬的情况，我每半年一定会带着团队亲自登门拜访。

当然，如果绑定客户的业绩大幅增长，那么绑定的整条线除了销售人员，都可以得到奖励。奖励的基本原则是职位越高，奖励越多，反之亦然。如果绑定客户的业绩大幅下滑，那么绑定的整条线除了销售人员，从上到下都需要被问责。职位越高，问责力度越大。

项目绑定

第二种绑定方法叫作项目绑定。市场上赫赫有名的华为铁三角就是一种典型的项目绑定方式。除了铁三角，项目绑定其实还有其他很多方式，但每种项目绑定方式都有自己的适用范围。

我在这里推荐几种行之有效的项目绑定方法。

铁三角：组成共同作战单元

所谓铁三角，是指由三个角色共同服务客户。

关于铁三角，华为创始人任正非曾经给过一种非常经典的解释："三角，并不是一个三权分立的制约体系，而是紧紧抱在一起，生死与共、聚焦客户需求的共同作战单元。它的目的只有一个：满足客户需求，成就客户的理想。"

为什么华为会创新地提出铁三角打法呢？据说是因为华为苏丹团队一个大项目的失败。在那个项目中，由于销售、技术、交付三大部门协同性差，在客户面前自说自话，导致华为苏丹团队丢了一个本该手到擒来的大单，这才催生了华为的铁三角打法。

本质上，铁三角是由三个角色组成的。

第一个是客户经理，也就是销售经理，他是客户负责人，主要负责客户关系、业务需求管理、商务谈判、合同与回款。铁三角体系对客户经理的要求是每天都要出现在客户身边，时刻关注客户是否有新需求产生。

第二个是方案经理，他是产品方案负责人，主要负责产品需求管理、产品与方案设计、报价与投标和解决技术问题。铁三角体系对方案经理的要求不是一个简单的辅助者，而是作为项目的战略分析者和策划者，负责分析市场和客户的各个方面，调动各方面的资源，以保证项目成功。

第三个是交付经理，他是项目的交付负责人，主要负责从订单、制造、物流、安装到交付验收的整个流程的管理。在华为的铁三角体系中，华为对交付经理的要求是从一开始立项就介入，全程参与，全面了解项目的前因后果并发表专业意见。

这三个角色共同构成了一个铁三角团队，相互协同、密切配合，在最短时间内响应客户需求，为客户提供全面的解决方案。

现在市场上有很多企业都在盲目地照搬华为的铁三角打法，然而，铁三角模式更适用于产品技术含量比较高、客户规模比较大的企业。华为销售的产品多是高科技产品，服务的也多是政府部门、大型企业等超级大客户，项目交付难度高。企业如果销售的并不是高科技产品，面对的也不是超级大客户，就并不适合完全照搬华为的铁三角模式。

从我对众多企业的调研来看，不同类型的企业组成铁三角的角色各有不同。

- **铁三角1：**由销售、客服以及产品团队组成的铁三角。这种铁三角的架构与大营销体系的三大支柱有异曲同工之妙，前期销售，后期客服，中间由产品来支撑，非常稳固。
- **铁三角2：**由销售、技术和交付团队组成的铁三角。华为就属于这种模式，这种铁三角模式适用于产品技术含量高、交付方式比较个性化的企业。

- **铁三角3：**由销售、客服和技术团队组成的铁三角。

无论企业采用哪一种铁三角模式，其基本逻辑是相通的：前端由销售人员负责，后端要解决客户服务的问题，从而打通价值创造的闭环。

1+N：创造多对一的极致体验

如果企业的产品交付流程比较复杂，操作起来比较烦琐，比如物流行业每天都要持续进行交付，那么针对类似业态的单个大客户，我提倡“1+N”打法。

什么叫“1+N”打法？“1”指的是企业为单个大客户配一个专门的项目客服经理，在这位客服经理的下面，再安排“N”个专门服务这位大客户的职能岗位。以宅急送为例，一旦某位超级大客户签单，从签单的那一刻起，公司就为其配一个只服务他的专属项目经理。在专属项目经理之下，公司又设置了N个服务大客户的岗位，比如专属的项目受理、项目查询、项目结算、项目操作、项目维护，甚至专属的项目司机……这种专属的感觉会给大客户带来极致的用户体验。

驻站式：客户的办公室就是你的办公室

顾名思义，驻站式就是针对单一超级大客户，公司专门成立一支项目团队，去客户公司上班。对于驻站式项目团队来说，客户的办公室就是他们的办公室。

例如，宝钢有一大批大客户销售，他们在客户那里上班的时间比在宝钢的时间还要长，这就是深度绑定大客户的一种模式。这种方式可以增强企业与大客户之间的黏性，让竞争对手很难钻空子，从而深化企业与大客户之间的关系。

过去我亲自参与的180多场招投标，有一半成功中标的项目都采用的是驻站式打法。比如，宅急送也曾经专门为爱立信、强生制药、熊猫电子、中兴通讯等超级大客户成立了驻站式项目组。项目组成立以后，项目组成员就会到客户那里上班。从某种程度上讲，驻站式项目组的目标就是要取代客户的物流部门。项目经理每周只需要定期回来开会，每个月再提交一份项目分析报告即可。

这种项目绑定的方式适用于客户体量特别大、交付方式极其个性化的大客户。既然项目组是服务单一客户的，那就意味着客户生，则项目组生；客户死，则项目组死。一旦大客户流失，整个项目组就会被解散。

行业绑定

第三种绑定方法叫作行业绑定。所谓行业绑定，就是企业根据行业类型成立专门的行业项目组。这种行业绑定方式适用于客户规模中等，但某一行业客户数量比较多的企业。

例如，公司在成立服装行业销售项目组后，也会成立服装行业客服项目组。服装行业销售项目组在成功开发了某个服装行业大客户后，就会将这个大客户交给服装行业客服项目组来绑定。

最终，企业选择哪一种绑定方式，一定是根据企业的产品特点和客户特点来决定的。如果企业开发的产品技术难度比较大、服务的客户体量也很大，企业就比较适合采用铁三角打法；如果企业服务的单一客户体量非常大、个性化需求程度高，企业就可以选择驻站式打法；如果企业服务的客户规模中等，但多集中在同一个行业，企业就可以采用行业绑定。

大客户的问责管理

我经常会问一些企业家："你们公司有人对大客户的流失负责吗？"多数情况下，我得到的答案都是没有。这就是当下企业的怪状：大客户开发有专人负责，一旦大客户开发成功，却没有人为大客户的业绩增长负责，更没有人对大客户的业绩下降和流失负责。

这暴露出一个问题：企业没有针对大客户建立问责管理机制。客服管理人员的使命就是照顾好大客户，成就大客户。如果大客户业绩出现下滑，那只能说明一个问题：公司没有把客户服务好。为什么公司的收入低？因为公司没有成就客户，没有为客户创造价值。从本质上看，公司的收入是成就客户的结果，是客户给公司的奖励。公司对客户的帮助越大，客户回馈给公司的业绩也越多。

具体来说，问责管理机制应该如何设计呢？我们不妨从以下三个方面来思考。

问责对象：除销售人员以外的参与绑定者

谁绑定，谁负责！除销售人员以外，客服人员、技术人员、销售经理、销售总监、销售总经理、营销中心副总裁甚至总裁都在问责管理的名单之列。也就是说，问责对象是除销售人员以外的所有参与绑定者。

为什么单独将销售人员排除在问责管理之外呢？因为在大营销体系中，销售人员的职责不是管理客户，而是开发客户。一旦客户开发成功，销售人员的使命就基本完成了。

奖：设置维护奖金

问责管理包括奖和罚两个动作，我们先来看奖的逻辑。

如何设计项目客服团队的奖励机制呢？客服团队的薪酬包括基本工资和客服提成，客服提成也可以称为维护奖金。如果客户维护得非常好，客户满意度上升，客户业绩就会提高。这时，整个项目客服团队都可以获得净增业绩奖金。

净增业绩，即每个季度出现的同比上一年或环比上一季度交易金额增长的部分。一旦大客户交易金额出现净增，公司就可以提取一定比例作为客服团队的维护奖金。但是，这个奖金的设置必须要科学合理。

首先，公司要设定一个奖励基线，这个基线要充分考虑客户交易金额的自然波动。假设经过测算，公司的大客户每个季度的交易金额平均会出现10%左右的自然波动，那么公司可以以此为基线。如果大客户交易金额同比或环比净增超过10%，那么对于超出10%的净增部分，客服团队可以拿到20%的维护奖金；如果大客户的交易金额在90%到110%之间自然波动，客服团队就不能得到奖励。

例如，某大客户上个季度的交易金额是100万元，如果其本季度的交易金额是108万元，这就属于自然波动；如果其本季度的交易金额是140万元，那么先扣除10%的自然波动，剩下30万元就属于净增部分。净增部分是整个项目管理团队的成果，有成果就有奖励。假设客服团队提取20%的维护奖金，那么本季度该客户的维护奖金为6万元。

这6万元的维护奖金应该如何分配呢？企业只需遵循一个原则：级别越高，奖金提取的比例越高。

罚：设置问责金额

有奖就有罚，如果客户的交易金额净增超过10%，客服团队就可以拿维护奖金，而一旦下滑超过10%，企业也要问责。问责的逻辑与奖励类似。

以上述企业为例，假设该大客户本季度的交易金额从100万元下滑到了92万元，下滑比例低于10%，那么可以判定为自然波动；如果该大客户本季度的交易金额只有60万元，下滑40%，那么在扣除 10%的自然波动后，30万元的净减部分就是客服团队需要被问责的部分。用净减部分30万元乘以问责百分比20%，可知整个项目客服团队的问责金额为6万元。

同样，问责金额的分配也遵循一个基本原则：级别越高，问责金额提取的比例越高。

如表9–3所示，这是某企业编制的奖励问责管理办法。

表 9–3　某企业项目制管理的奖励问责管理办法

客户类型	客户标准（月收入）	绑定对象					奖励问责制度
		销售人员	客服人员	销售经理	销售总监	总经理	
5A 级客户	>500 万元	√	√	√	√	√	奖：销售额达到 110% 以上，按净增加部分销售额 ×0.5% 奖励：总经理 30%、销售总监 25%、销售经理 25%、客服人员 20% 罚：该类客户季度销售额未达到目标 90%，90% 以下部分的销售额 ×0.5%：总经理乐捐 30%、销售总监乐捐 25%、销售经理乐捐 25%、客服人员乐捐 20%
4A 级客户	300 万 ~500 万元	√	√	√	√		奖：销售额达到 110% 以上，按净增加部分销售额 ×0.5% 奖励：销售总监 40%、销售经理 30%、客服人员 30% 罚：该类客户季度销售额未达到目标 90%，90% 以下部分的销售额 ×0.5%：销售总监乐捐 40%、销售经理乐捐 30%、客服人员乐捐 30%

（续表）

客户类型	客户标准（月收入）	绑定对象					奖励问责制度
		销售人员	客服人员	销售经理	销售总监	总经理	
3A 级客户	100 万~300 万元	√	√	√			奖：销售额达到 110% 以上，按净增加部分销售额 ×0.5% 奖励：销售经理 60%、客服人员 40% 罚：该类客户季度销售额未达到目标 90%，90% 以下部分的销售额 ×0.5%：销售经理乐捐 60%、客服人员乐捐 40%

这家企业对3A级（含）及以上大客户做了绑定管理，并设计了相应的奖励问责制度。当每一级客户的业绩出现净增或净减时，哪些人要被奖励或问责，各层级的比例是多少，全部都一目了然。为了保证制度的公平、公正，奖励和问责的比例应该保持一致。

此外，在设计问责机制时，企业还要排除三种特殊情况。

第一种情况：由公司变动引起的客户业绩下滑或流失。例如，公司决定砍掉某款产品，或公司从上海搬到了北京……类似原因造成的客户业绩变动，与项目客服团队无关，不予问责。

第二种情况：由客户变动引起的客户业绩下滑或流失。比如，客户砍掉了相关业务，或客户从北京搬到了上海……类似原因造成的客户业绩变动，与项目客服团队无关，不予问责。

第三种情况：由不可抗力造成的客户业绩下滑或流失。比如地震、海啸等造成的客户业绩下滑或流失，与项目客服团队无关，不予问责。

经常有企业家问我："如果企业客户本身有淡旺季，由于淡季造成业绩下滑，是否需要问责呢？"

对于销售特种兵而言，没有淡季的市场。越是淡季，越应该努力进攻；越是淡季，越需要竭诚服务，把竞争对手碗里的份额抢过来！原则上，除上面三种特殊情况可免责外，其他理由都是借口。

大客户的价值服务管理

做好大客户的绑定管理后，项目客服团队就要开始为大客户提供超级服务。超级服务可以用一个指标来衡量，它就是大客户净推荐值。如果大客户愿意将企业推荐给其他朋友，这就说明他对企业的服务十分满意，并对企业产生了情感认同。

客户凭什么为企业转介绍客户呢？净推荐值背后的逻辑又是什么？事实上，每个客户都会在心里为企业打分，只是企业从来没有要求他们这么做。如果用1~10分来量化客户推荐的意愿度（1分代表根本不愿意推荐，10分代表特别愿意推荐），那么只有当客户为企业打9~10分时，他才能被称为推荐者，才会为企业转介绍客户。

当客户为企业打7~8分时，他对企业的服务是满意的，但此时他是中立的态度，不会为企业转介绍客户。因为在他看来，满意的服务是标配。当企业的竞争对手也有这种标配时，他不会为企业转介绍客户。只有超级服务才能让客户超级满意，他才会为企业转介绍自己的亲朋好友。

如果客户给企业的分数是6分，甚至小于6分，这就代表客户不满意，他是贬损者。

现在，请企业忽略7~8分的客户，用9~10分的客户占比减去6分及以下的客户占比，这个结果就是净推荐值。换句话说，净推荐值=推荐者–贬损者。

如果这个结果是正数，那说明还是有人会为企业推荐客户的。一个健康的企业的净推荐值为10%~40%。如果这个结果是负数，那企业就要注意了，因为推荐者无法抵消贬损者带来的负面影响。一个满意的客户可以为企业推荐3个新客户，但一个不满意的客户可能会影响13个潜在客户。

好口碑是最好的广告，坏口碑也是最烈的毒药。客户和员工一样，都是用脚投票。企业竞争客户就像美国总统竞选一样。如果企业成就了客户，对客户有帮助，客户就留下；相反，如果企业帮助不了客户，客户就转身离开，选择能够成就他的人。

要提升大客户的净推荐值，企业首先要思考：哪些因素会导致客户不满意呢？为什么客户不愿意为企业转介绍呢？《客服圣经》的作者保罗·蒂姆（Paul Tim）通过研究，发现了导致客户流失的三大诱因：价值诱因、系统诱因和人员诱因。

价值诱因

所谓价值诱因，即客户感觉自己所接受的产品和服务是低价值的，比如产品质量未达预期、售后服务不佳、商品不值所付的价钱、产品太复杂、使用方法不易掌握……

要规避价值诱因，企业需要深入思考：我到底能为客户创造什么价值？这个问题看似简单，但是很多企业都没想透。

最近，我遇到了一家大健康领域的企业，这家企业的销售特种兵面对的都是客单价三五百万元甚至千万元级别的大客户。针对这样的大客户，这家企业就必须调研清楚客户对企业的产品和服务的价值判断是否达到了预期。因为三五百万元不是一个小数目，客户可以用来投资股票、房产、保险……客户的选择空间太大了，凭什么把这笔钱投给企业呢？此时，企业必须要讲清楚：把这笔钱投在这里和投在股票、房产、保险上有什么不同？企业要用数据化的思维将价值讲到位，甚至要重塑客户的理财观念，让客户深刻地认识到：将这笔钱投资到健康上是更加长远的投资。只有这样，客户才会觉得物超所值。

订单的金额越高，客户就越理性。企业如果一开始没有将价值塑造到位，后续就很难指望客户复购和转介绍，客户甚至在消费完后会感觉被企业骗了。因此，一个销售高手必然是一个价值传递的高手。当然，价值必须是真实的。不妨先问问你自己：你愿意成为公司的客户吗？如果连自己都不能说服，那么你根本不可能说服客户。

为什么许多企业做不大、做不透大客户？最核心的问题就在于价值传递的链条：首先，市场部门对产品价值塑造不到位；其次，销售部门对价值传递不到位；再次，客服部门对价值的渗透不到位；最后，企业给客户的感觉就是“花这么多钱不值得”，这是大客户流失的最大诱因。

系统诱因

系统是指向客户传递产品或服务的程序、步骤。通俗地说，系统诱因是指企业在服务大客户的过程中，没有建立标准化的服务流程，从而导致整体服务响应速度慢。

曾经有一位董事长非常生气地告诉我，有一个大客户去他们医院做体检，结果无人问津，竟然白白等了一个多小时。

这位董事长为什么这么生气？因为他从这件事上，看到自己企业的大客户服务系统出了问题，这也是大客户流失的一大诱因。

如何建立高效的大客户服务系统？这就是企业需要思考的问题。

人员诱因

人员诱因则是指员工在服务过程中的不恰当沟通。比如：服务人员不礼貌、不友好或心不在焉；服务人员缺乏专业知识或不能解决问题；服务人员漠不关心的表情、不修边幅的打扮或令人讨厌的习性、令人心烦的服饰或文身等。

有些企业花了三五年的时间去开发一个大客户，结果就因为某个员工一句不得当的言辞或一个不好的习惯，让这个大客户流失了。

如何减少甚至消除以上三大诱因呢？我的经验是建立一个标准

化的客户价值服务系统。事实上，企业将客户做大、做深、做透是管理的结果。这个系统既可以按照流程为大客户提供高价值，也是一个标准化的超级服务系统，可以将大客户绑定在专业的项目客服团队身上。

如表9–4所示，这是某企业为大客户设计的分级服务标准。这个表格可以分为五个模块。

表9–4　大客户价值服务管理标准

<table>
<tr><th rowspan="2">客户类型</th><th rowspan="2">客户名单</th><th rowspan="2">服务模式</th><th rowspan="2">服务团队</th><th colspan="4">服务菜单（价值菜单）</th><th rowspan="2">备注</th></tr>
<tr><th>基础服务</th><th>增值服务</th><th>专享服务</th><th>定制服务</th></tr>
<tr><td>5A级客户</td><td></td><td>1. 项目绑定：驻站式、铁三角或1+N
2. 层级绑定</td><td>项目团队</td><td rowspan="3">1. 下单
2. 受理
3. 查询
4. 投诉
5. 理赔
6. 仲裁</td><td rowspan="3">1. 电子专刊
2. 在线客情服务
3. 精美包装服务
4. 指定时间服务</td><td rowspan="2">1. 赠送服务设备
2. 绿色服务通道
3. 一站式服务</td><td>咨询服务，为客户提供整体服务解决方案</td><td rowspan="3">多、快、好、省、新</td></tr>
<tr><td>4A级客户</td><td></td><td>1. 项目绑定：铁三角或行业项目组
2. 层级绑定</td><td>项目团队</td><td rowspan="2">无</td></tr>
<tr><td>3A级客户</td><td></td><td>层级绑定</td><td>项目客服人员</td><td>无</td></tr>
</table>

客户类型

企业的资源是有限的，企业要将有限的资源投到高价值的大客户身上。因此，企业首先要根据客户分类标准，锁定3A级及以上的客户，将其作为提供高价值服务的重点人群。

客户名单

根据客户分类标准，企业在表中填写具体的大客户名单。针对不同的大客户，企业后续将提供不同价值的服务项目。

服务模式

针对不同类型的客户，企业分别适合选择哪一种服务模式呢？

针对最高价值的5A级客户，除层级绑定以外，企业还要进行项目绑定。企业根据客户自身需求，选择驻站式、铁三角或者1+N的项目管理方式。针对4A级客户，除层级绑定以外，企业还可以选择铁三角或行业项目组的服务模式。针对3A级客户，企业只需要做好层级绑定。

服务团队

针对不同类别的客户，分别由谁来提供服务呢？

4A级客户和5A级客户由项目团队为其提供服务，3A级客户只需要交给项目客服人员来服务。

服务菜单

服务菜单也可以称为价值菜单，是这张表格中最关键的一个模块。针对不同类别的客户，服务团队应该提供哪些服务呢？

例如，英国巴克莱银行根据客户创造的利润和潜在利润的大小，将客户分为四个等级。相应地，它也将服务分为四个层次：一是基本的、必不可少的服务；二是一般服务，即在基本服务的基础上增加一些不是对所有客户都提供的服务，如电话银行；三是高级服务，包括一些可以不提供，但提供了能使客户高兴的服务；四是全面服务，包括一些客户本身都没有想到的、为特定客户提供的服务。

同样，企业在为不同级别的大客户提供价值服务时，也要制定分类服务的标准。按照过去的实操经验，企业应将其细分为四大价值。

基础价值。基础价值就是共性的标准服务，是企业必须要给到客户的标配服务。以航空公司为例，大部分航空公司的客户在坐飞机时都能享受基础价值，比如免费餐饮、免费毛毯等，这些都是基础价值。

对于案例中这家企业而言，基础价值就体现为下单、查询、投诉、理赔等。

增值价值。增值价值就是附加价值，可以给予客户个性化的体验。比如，航空公司的金卡会员就享有许多增值服务。你如果是金卡会员，那么乘坐飞机时不必排队，可以优先登机；托运行李时，托运的行李重量可以增加一倍；可以去贵宾厅免费吃一碗面……这些都是增值服务。

据说，美国航空公司甚至向机组人员提供了一份“铂金”“黄金”客户的清单，明确提示必须为这些客户提供优质、上等的服务。因此，在从伦敦飞往纽约的同一个航班上，有的乘客只支付了200英镑，而有的客户却支付了6 000英镑。消费者是聪明的，他们为什么愿意花大价钱？因为他们知道：大价钱就等于大价值。

企业不妨思考一下：针对大客户，公司能提供哪些增值价值呢？例如：能否开放绿色通道，节约大客户的时间？如果客户特别爱吃鸡蛋，能否为他多准备几个鸡蛋？……事实上，只要企业密切关注客户的消费习惯和生活习惯，处处都有提供增值服务的可能性。当然，这些增值服务最好不要收费，而是打包在产品价格中。

专享价值。如果你拥有某航空公司的白金卡，那么任何时候只要有座位，航空公司就可以免费为你升舱，还会为你提供一系列专享服务。从登机开始，就有专门的空姐为你服务；到了目的地，还有专车接送服务……这就是航空公司为你提供的专享价值，其目的是超出客户预期，将自己和竞争对手区别开来。

再比如前面提到的亚马逊，一开始它只为会员提供了两日内免费送达的基础价值，因为基础价值可以解决引流的问题。但是，为了持续留存大客户，亚马逊专门为大客户开发了一系列的专享增值服务包，包括无限量的音乐影视、购物优惠、Kindle电子书免费阅读、无限量的照片存储服务等，这些都是只有超级会员才能享有的专享价值。

当然，一不留神，客户会发现自己多花了不少钱。中高端的消费者愿意为价值买单，关键是当客户在企业这里花了大价钱后，企业让客户享受到了专享价值吗？如果没有，企业该设计哪些专享价值来弥补呢？

定制价值。航空公司的包机服务，就是专门为大客户量身定制的。泰康保险为高端客户奉上高端定制化的私人健康、私人礼遇、私人律师、私人收藏、私人家业和私人旅行等服务。

同样，案例中的企业也为其最高价值的5A级客户提供了定制化的咨询服务，为客户提供整体服务解决方案。

对客户而言，企业能提供的价值无非是基于以下五个维度的：多、快、好、省、新。现在请参照表9–4，设计出贵公司的大客户价值服务管理标准。

113项目管理法

最后，再来讲一讲项目管理的标准化流程。项目管理包括哪些具体流程呢？基于过去的实操经验，我总结出一套113项目管理法，即1个手册、1个报告以及3个流程。

1个手册：项目客户操作手册

过去我每开发成功一个大客户，都要求项目团队专门为这个大客户编写一本项目客户操作手册。这本手册要清晰地阐述整个项目的操作流程以及服务要点，包括：客户在每个环节有哪些个性化需求？针对大客户的个性化需求，具体的操作流程是什么？每一个操作环节的标准化动作是什么？操作过程中有哪些注意事项？一旦发生意外情况，公司应该如何处理？对方的具体联系人及联系方式是什么？……

在手册编制完后，项目团队要及时发送给客户确认，并同步发送给公司其他相关部门，并要求所有项目相关人员严格按照操作手册执行，从而保障服务的高品质。

1个报告：项目客户运作报告

项目客户运作报告本质上是一种反馈机制。通过每月反馈，内部领导和外部客户能及时了解客户动态、服务成果以及服务中出现的机会和问题。

项目客户运作报告包括以下7个模块。

客户整体情况

报告首先要介绍客户的总体趋势：与前一年同期相比，整个项目组客户的总收入是上升还是下降？与上一季度相比，总收入是上升还是下降？这些数据都会直接反映出每个项目组的大客户管理成果以及不足之处，为下一步的管理决策提供数据基础，以帮助各项目组萃取经验和汲取教训，促进各项目组取长补短，提升大客户管理的成效。

维护客户情况

在梳理完客户整体情况后，项目组要根据不同的客户类型，对每一个大客户的情况进行详细分析：每一个大客户的同比或环比收入上升还是下降了？

大客户流失或减量情况

通常，客户流失或减量是不可避免的，关键在于企业要提前洞察可能造成客户流失的原因，并迅速采取有效措施来修复被破坏的客户关系，以挽留大客户。因此，在编制报告的过程中，项目组需要着重关注：大客户是否存在流失或减量的情况？同比或环比收入下降了多少？造成客户流失或减量的原因是什么？未来计划采取哪些对策将客户拉回来？如果处理得当，客户就会进入与企业合作的第二生命周期阶段，此后双方之间的关系会更加牢固。

确定挖潜对象及目标

如何让大客户持续贡献更大的价值？项目组要梳理项目运作中产生了哪些新机遇，客服团队又挖掘到了客户的哪些新需求。企业要将针对客户的单次营销变成多次营销，要善于设计大客户的消费旅程，深度开发和挖掘大客户的价值，使得客户贡献给企业的价值越来越大。一般来说，企业要在客户同类产品中占有30%以上的份额，理想状态是逐渐上升到100%，直到企业成为大客户这一品类产品的独家供应商。

因此，每个项目组都要评估哪些客户具有挖潜的可能性，并列出挖潜名单及目标对应表，将挖潜工作落实到目标、人、天。

竞争对手分析

报告还要关注项目运作中可能存在的威胁。

在报告中，项目组要对竞争对手进行分析：是否有新的竞争对手进入？竞争对手提供的差异化价值是什么？竞争对手采取了哪些具体措施？企业应该如何应对竞争对手的威胁？

团队管理情况

整个项目客服团队上个月发生了哪些变化，招聘了多少新员工？针对项目客服团队，企业做了哪些培养工作，培养成果有哪些？对照大客户作战地图，项目客服团队的月度执行情况是否达标？针对未达标的团队，企业做了哪些帮扶管理，后续效果如何？

值得注意的是，所有问题的描述都要细化到人数和次数。

下一步重点工作

最后，项目组还要在报告中规划下一步的重点工作，写出下一阶段的维护目标业绩和工作计划，并写出关键动作以及具体措施。尤其是针对业绩下滑的大客户，项目组要列出清晰的下滑管控措施。

3个流程：评估立项、挖潜整改和减量整改

近年来，我调研了大量的企业，发现许多企业在营销管理上缺乏标准化和流程化的思维方式。所谓流程化，就是提炼出做事最高效的方法，将其标准化。如果没有标准化和流程化，企业最终得到的结果一定是参差不齐的。因此，要管好大客户，企业要制定三个关键流程。

评估立项流程

不是所有的客户都值得合作，与其饥不择食，不如精准锁定，找到真正适合企业的大客户。现在很多企业对于体量大的客户来者不拒，只要客户体量足够大，无论与自己的发展阶段和产品类型是否匹配，都恨不得立马去开发。事实上，不匹配的客户不仅创造不了价值，还会白白消耗企业的时间和资源。

如何才能精准筛选出匹配的大客户呢？在项目组成立前，企业就要走评估立项流程。客服部要联同市场部和销售部，严格按照大客户画像进行项目客户的筛选。过去我在筛选项目客户时，基本上在2~3个客户中才能筛选出1个合格的项目客户。也就是说，一半

以上的客户是通不过评估立项流程的。

永远牢记：企业的资源是有限的，要将项目客服资源投到真正适合的客户身上。我从现实中得到的教训是，如果双方不匹配，即便为客户成立了项目组，项目未来也非常容易失败。

挖潜整改流程

在大客户开发成功后，许多企业只是被动地提供服务，客户指哪打哪，这就是对客户资源的巨大浪费。既然客户已经和企业合作了，那么为什么企业不能进一步挖掘客户的潜能，将客户做深、做透呢？

过去我自己在一线带团队时，要求项目组针对每个大客户制定挖潜整改流程。在每一次客户分析会上，各个项目组都要围绕大客户的作战地图，拿出客户挖潜整改方案，集体讨论方案的可行性，并研讨下一步的挖潜计划。

减量整改流程

最后一个是减量整改流程。一旦客户出现了交易额减量的情况，企业应该如何整改？这就需要项目组实行减量整改流程。

那么，这三个流程在企业中如何落地呢？我给大家举个例子。

过去我在宅急送时，客服部内部建立了数十个项目组。这些项目组每周必须召开一次项目沟通会，每月召开一次月大客户经营分析会。

在每一次的会议现场，市场部、销售部和客服部都要共同参与。每个项目立项前，由项目经理提交评估立项流程。项目一旦评估通过，就可以正式运作了。

在开始实际操作前，再由项目经理向员工通报项目客户操作手册。接下来，项目就可以正常运营了。

在每月召开的大客户经营分析会上，每个项目组都要在会议现场通报客户月度分析报告，与此同时，还要将客户月度分析报告反馈给客户。

在月大客户经营分析会上，公司要求每个项目组自行评估：当下哪些大客户有挖潜的可能性？如果有，请通报一下挖潜整改方案。如果没有，当下客户是否存在异动或者减量？如果确实出现了减量，则必须提交减量整改方案。

现在很多企业对于客户是没有管理的。企业既没有预警管理，也没有客户减量和挖潜管理，以上流程明显都是缺失的。尤其是针对大客户，企业必须让项目组深化对客户的管理，随时关注客户的变化。

如果客户出现减量，企业要第一时间找到减量的原因：是产品和服务不能满足客户的新需求吗？还是服务不够细致，导致客户满意度降低呢？如果是前者，那么企业要及时挖掘客户新需求，快速升级产品和服务，将客户拉回来。如果客户对现有产品和服务是满意的，那么客户还有哪些潜能可以挖掘，是否还有未被满足的隐性需求？一旦确认新需求，客服部立马联动市场部进行产品研发。唯有这样，企业才能将客户越做越大！

结 语

读到这里，你应该不难发现：这套大客户开发管理系统根植于企业管理的实践，具有很强的可操作性。对于老板和营销部门管理者而言，学了就能用。

如果你迫不及待地想要落地这套系统，那么在你即将学成下山，打算大展拳脚的这一刻，我还要送你三个锦囊，和你聊一聊这套系统该如何在企业内部落地。

锦囊1：一把手是大客户战略的负责人，必须亲自排兵布阵。

一家企业的天花板是由老板的认知决定的。读完本书，你应该有一种感受：许多企业之所以做不好大客户，根源可能就在于老板对大客户的认知还停留在战术阶段，而大客户开发管理本质上是一个战略，它需要企业设计一整套大客户开发管理系统，即定战略—优架构—高挑选—深通关—抓管理—精机制—明策略—项目制管理。一把手只有升级认知，对大客户开发管理有着正确的整体观和系统观，才能真正地调动企业的人、财、物资源，推动大客户战略的落地。

一把手在认知升级后，还要及时地将对大客户的全新认知传递给高层、中层和基层，反复地组织学习、研讨等活动，从上到下传达和落实，最终实现营销全员的认知对齐，将新认知从老板的个人认知上升到整个营销组织的共同认知。

到了这一步，企业才能按部就班地推动大营销的三大部门通力合作，稳步落地大客户开发管理系统中的八个模块。在落地的过程中，一把手也不能置身事外。因为管理者把重心放在哪里，员工就会把力气花在哪里。

这就意味着一把手是这项工程的总负责人，他要自上而下引导营销中心副总裁、营销管理层构建三大部门、职能线，选择合适的督导，确保所有的事情都有专人专管，这是对人的布局。与此同时，在大客户开发管理的每一个步骤，一把手都要躬身入局，亲自参与、把控，比如：参加关于大客户开发管理的会议；参与高层会见；参与讨论过程管理的设计；把关评定机制的设计；在项目制管理中，还要亲自绑定大客户。

如果一把手没有以身作则，全力去推动这件事情，那么大客户战略是很难落地的。为什么？因为老板不参与，企业的资源无法调动，员工也不会重视。既然企业把大客户开发管理上升到战略的高度，那么在这件事情上，老板就是第一责任人。如果一把手自己不参与、不投入，不培育企业重视大客户的土壤，那么大客户战略可能会沦为一个空的战略。

锦囊2：大客户开发管理是长期工程，需要有耐心。

我给你的第二个锦囊是要保持足够的耐心。选择大客户战略，就等于选择扎下根、沉下心来耐心经营，因为大客户开发管理是一个长期工程，企业可能要坚持十年不变，才能将整个大客户开发管理系统的地基完全夯实。如果在落地的过程中，企业持有的是短期思维，而不是长期主义，希望这是一种立马见效、吹糠见米的灵丹妙药，那么我建议企业不要做这件事情。

我始终坚信，真正的企业家至少是以十年为单位进行思考的，而不是以一个季度为单位。令人欣慰的是，现在我辅导的很多优秀企业家，如长风美业、永明项目、丽滋卡尔医院、头道汤的创始人都公开表示：要将这套体系作为未来十年的战略，从开始布局就定下十年不变的基调。事实证明，仅仅一两年后，这些企业的大客户开发管理就获得了喜人的成果。

锦囊3：大客户开发管理是一套组合拳，切不可断章取义。

最后我想提醒你：大客户开发管理的八个步骤是一套组合拳，是一套全生命周期的打法，覆盖了大客户开发管理的前、中、后三个阶段，这三个阶段、八个步骤是相互关联、相互支撑的。

如果没有做好客户画像和产品画像，企业就无法做好过程管理；如果没有做好过程管理，企业就无法做好星级评定；如果没有做好星级评定，企业就无法打通企业的薪酬机制和晋升机制……

因此，要想真正掌握大客户开发管理的能力，企业必须将其视为一个有机的整体，切不可断章取义。如果企业只是采用其中某一个步骤的内容，最终的结果可能会适得其反，企业即便收获了短期效益，也会错失长期价值。

2022年1月，节选自《人民日报》的一段经典语录在微信朋友圈刷屏：

> 我们为什么要不断地学习？因为你能赚多少钱，取决于你的认知。你所赚的每一分钱，都是你对世界的认知的变现。你所亏的每一分钱，都是你对世界的认知的欠缺。你永远赚不到超出认知范围的钱。所以，你只有持续不断地突破认知和提升能力，才能创造出与你匹配的财富和价值。人的一生都在为自己的认知买单。

我深以为然。在大客户开发管理这条路上，我摸索了26年，这26年的成功与失败，全部都沉淀在本书中，但愿它能成为你认知升级路上的一缕微光！